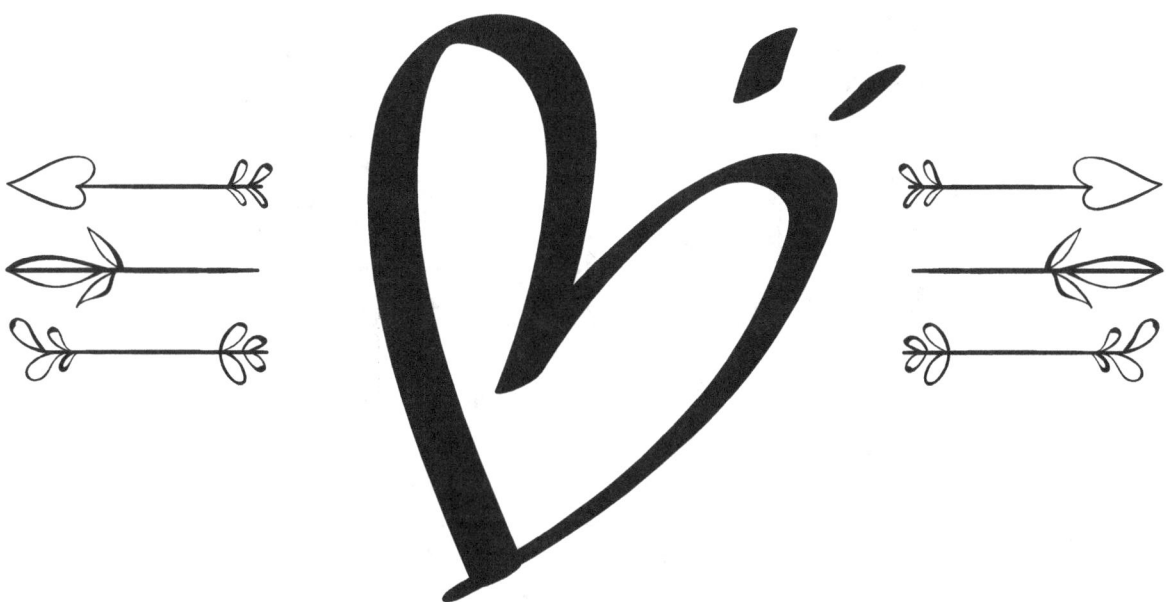

Este Libro
Pertenece a

Colorea Esta Luna

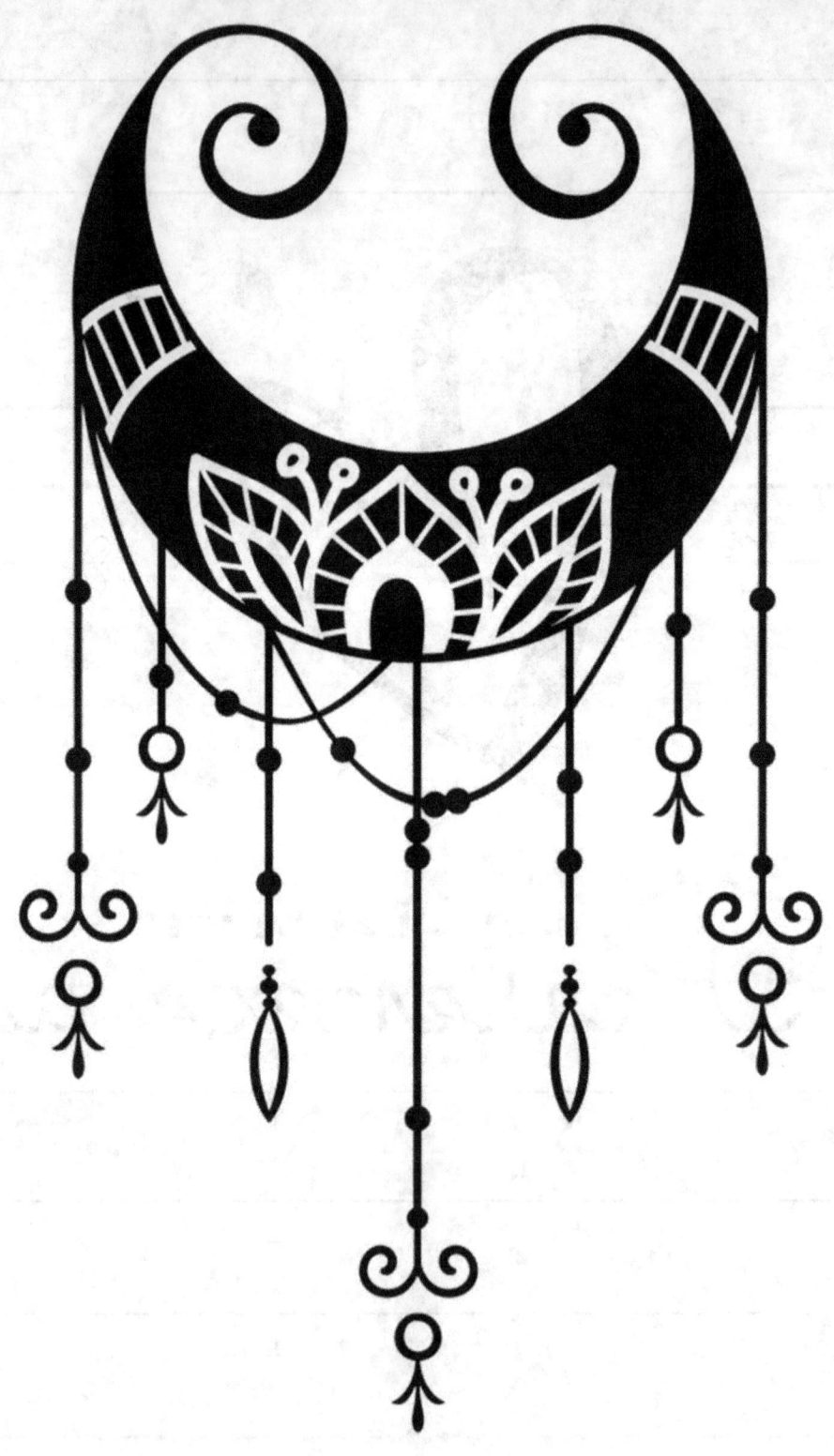

Colorea Esta Luna

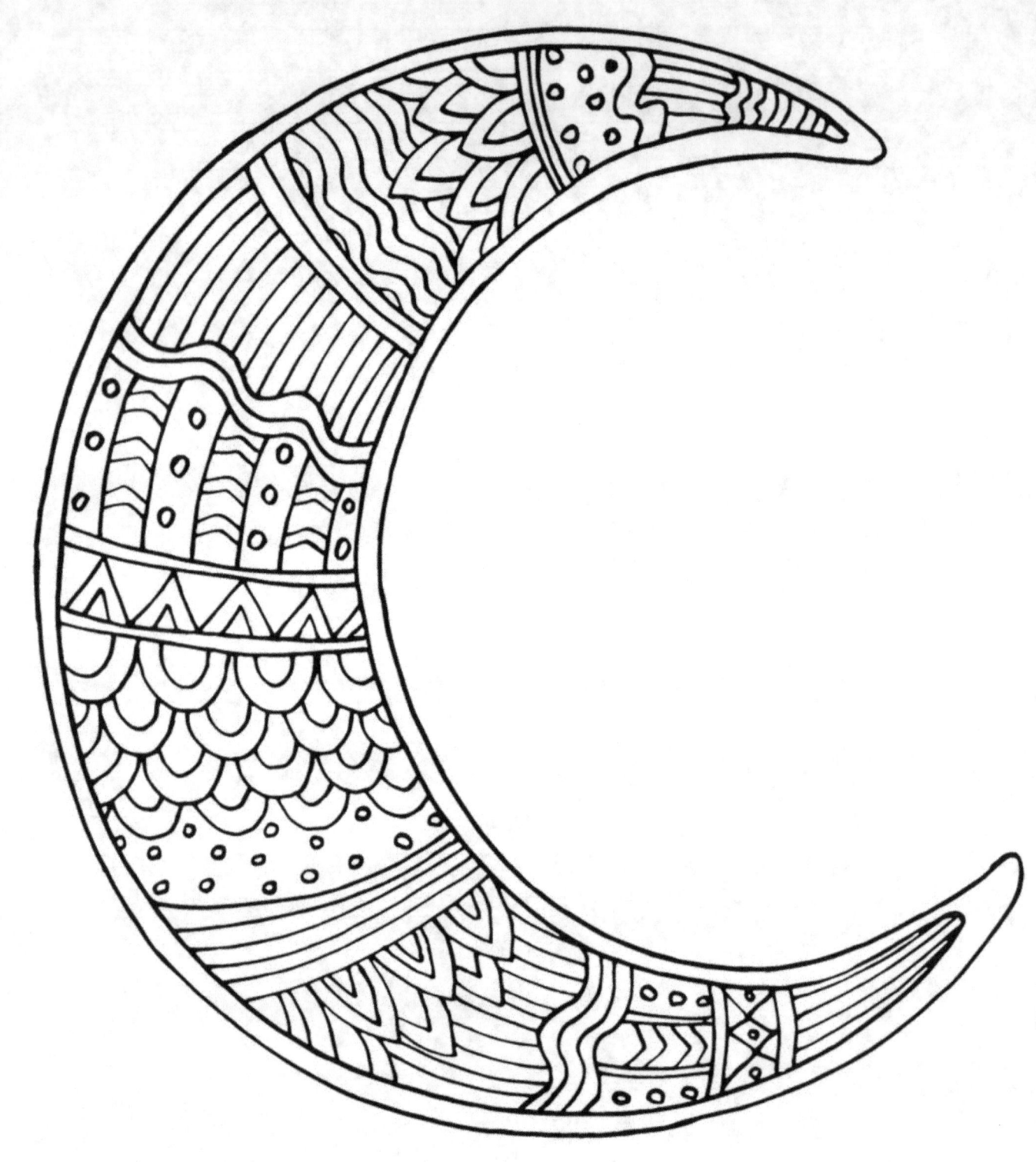

Colorea Esta Luna

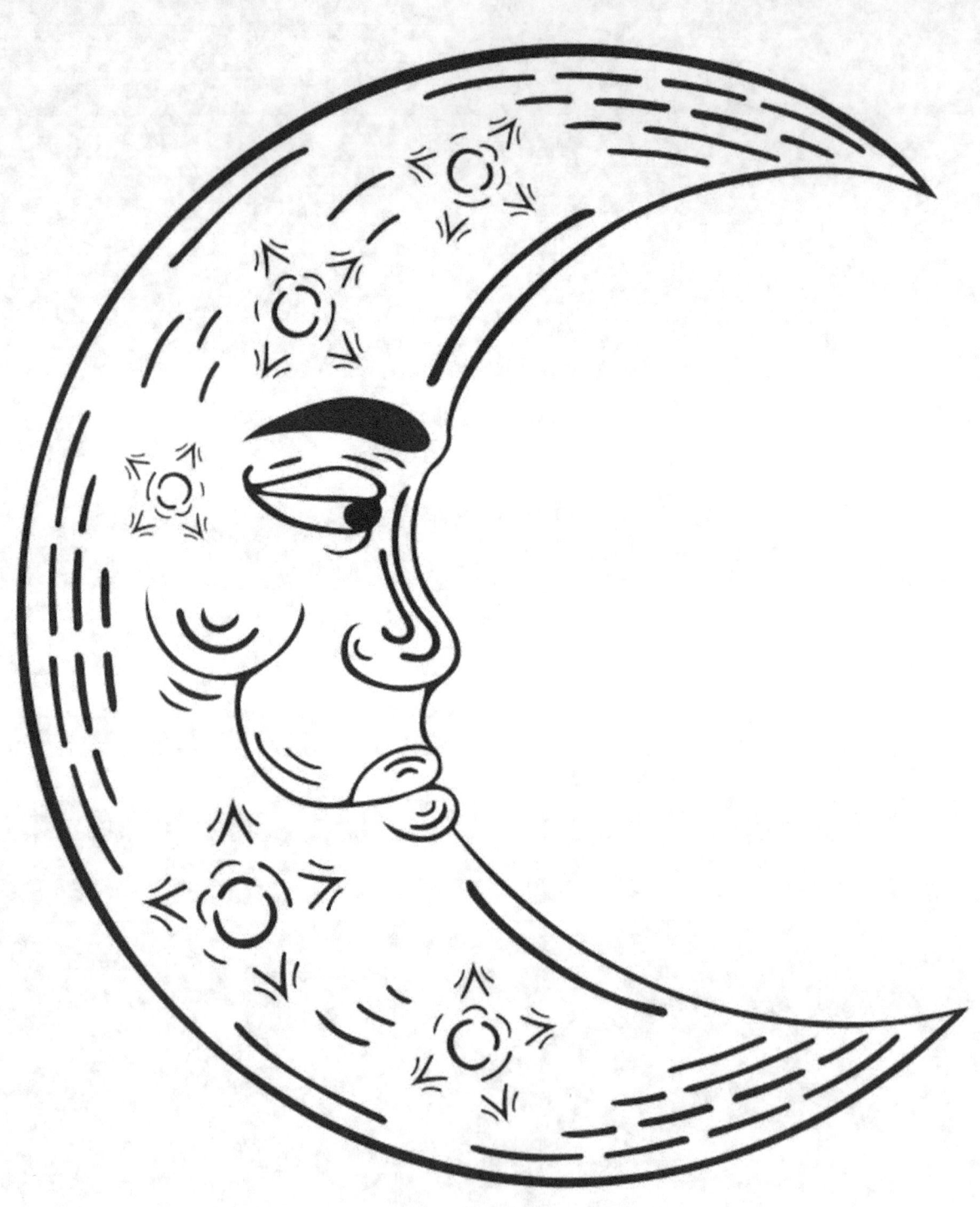

Colorea Esta Luna

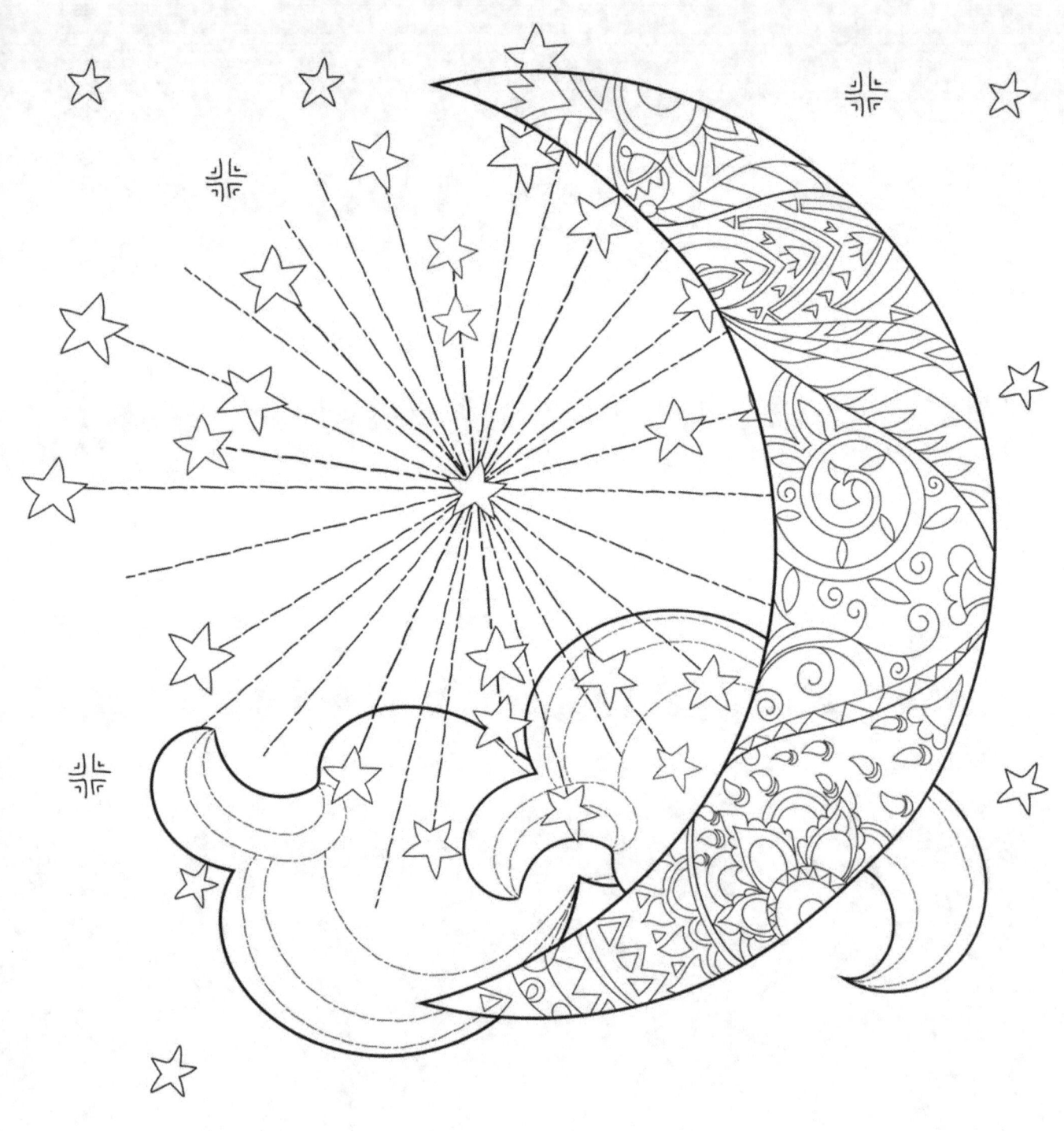

Colorea Esta Luna

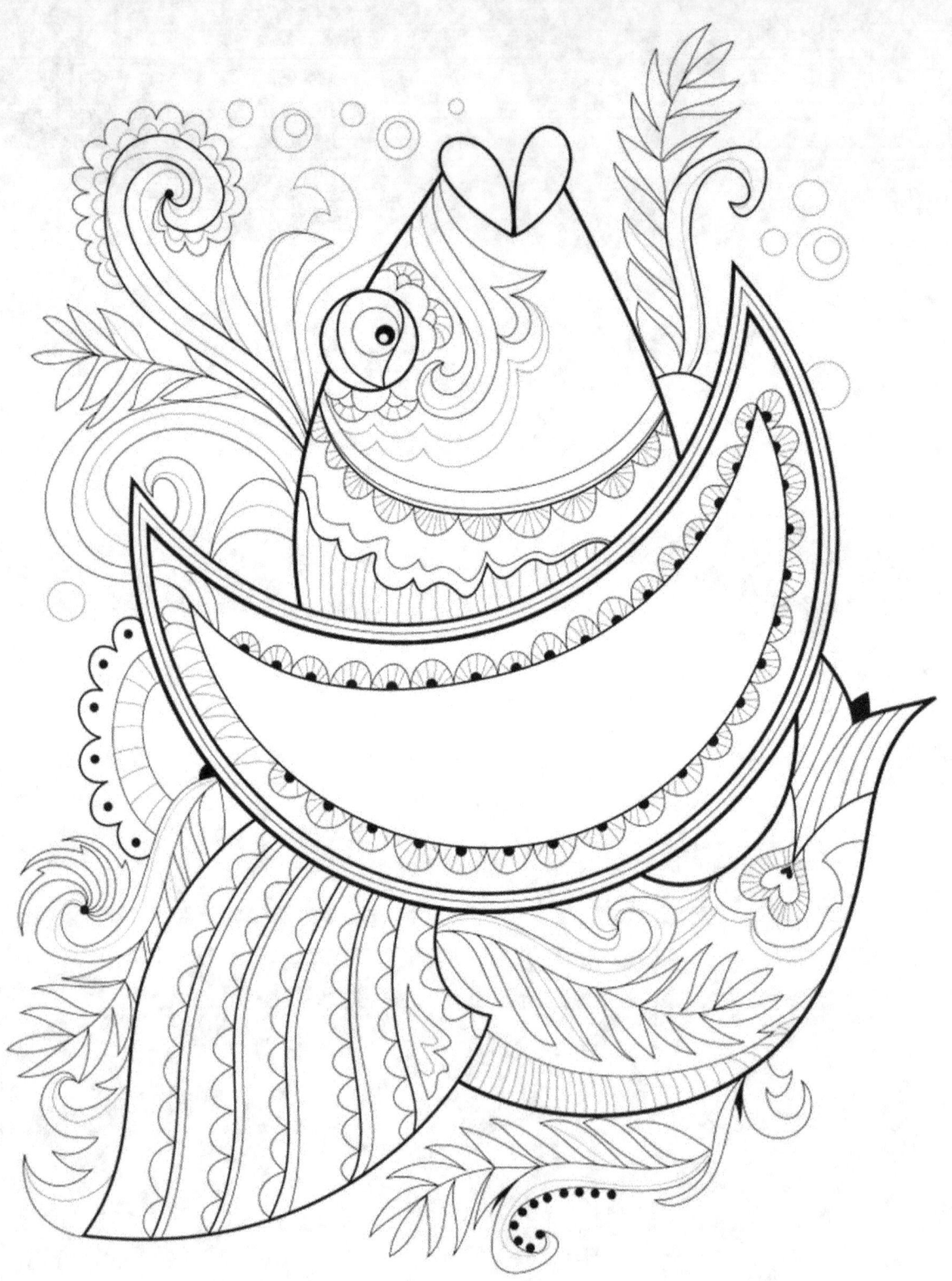

Colorea Esta Luna

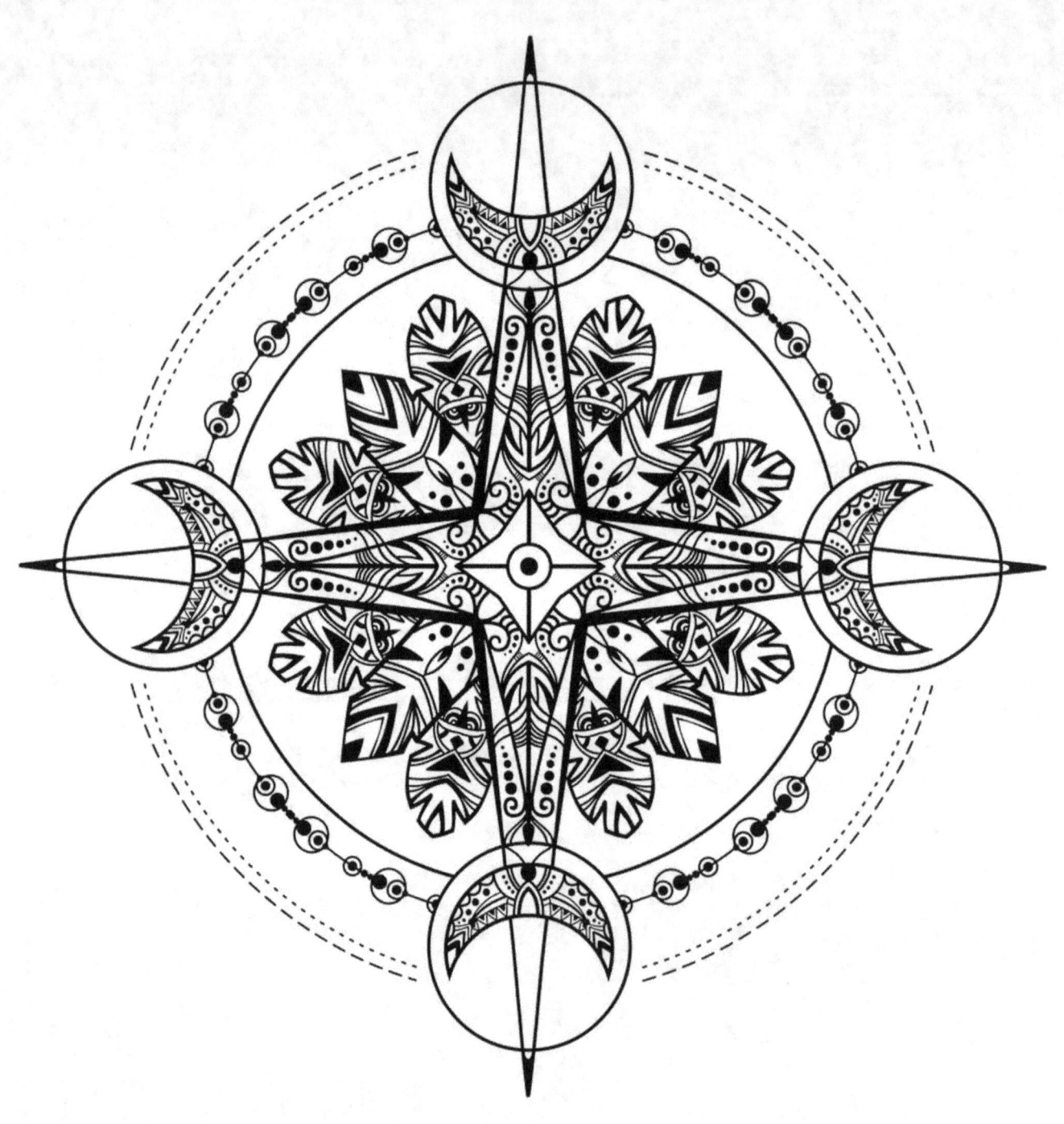

Colorea Esta Luna

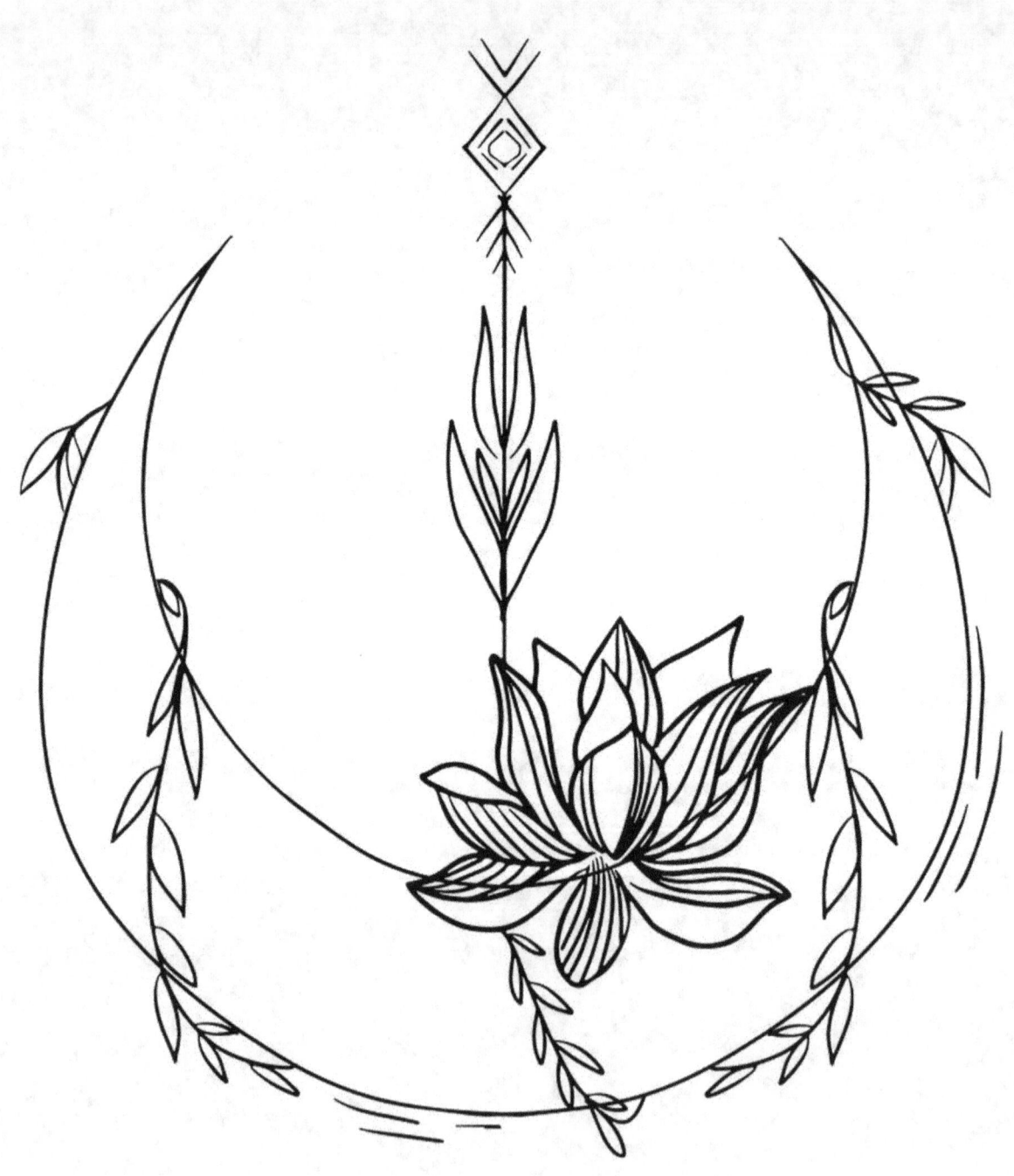

Colorea Esta Luna

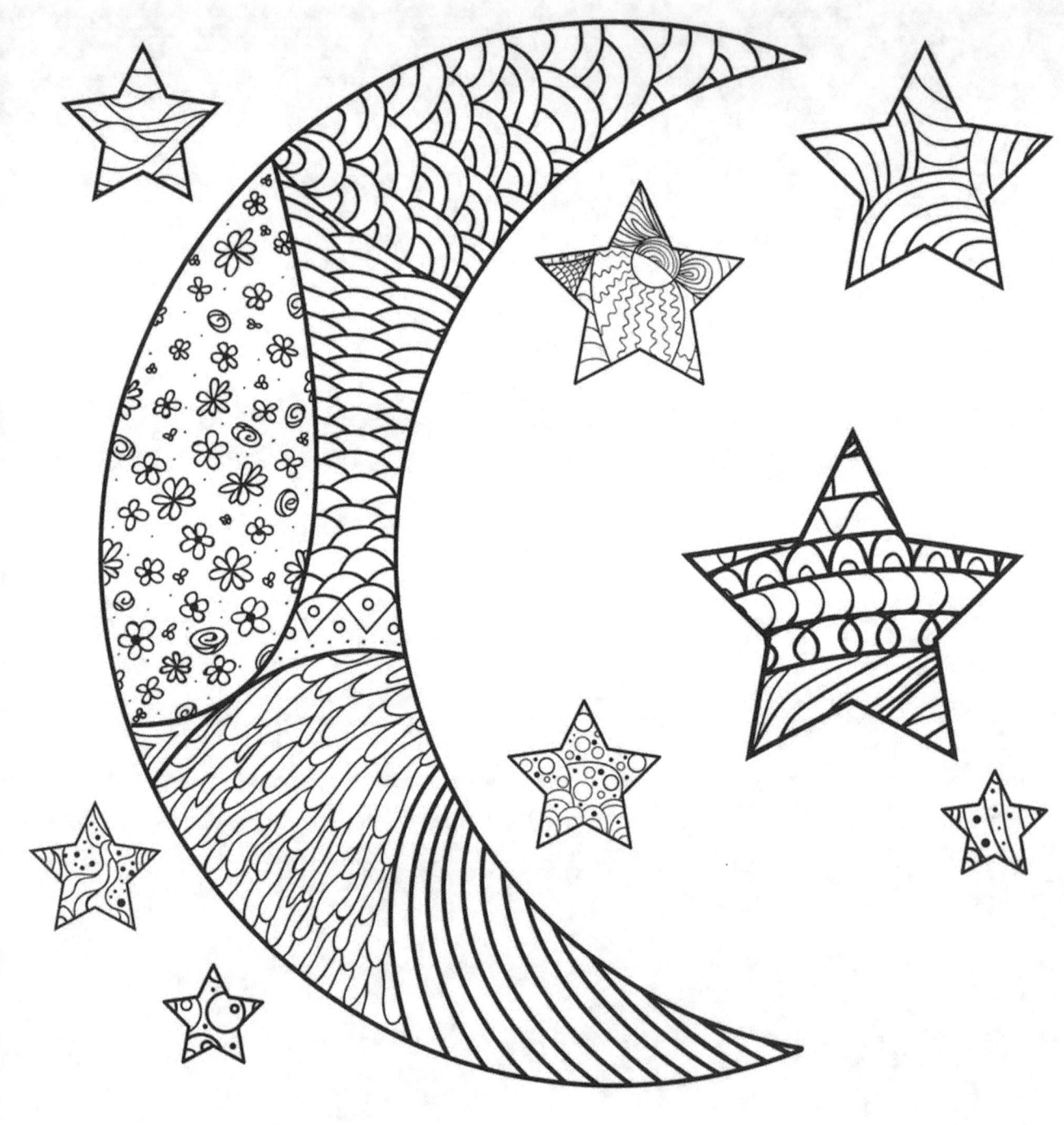

Colorea Esta Luna

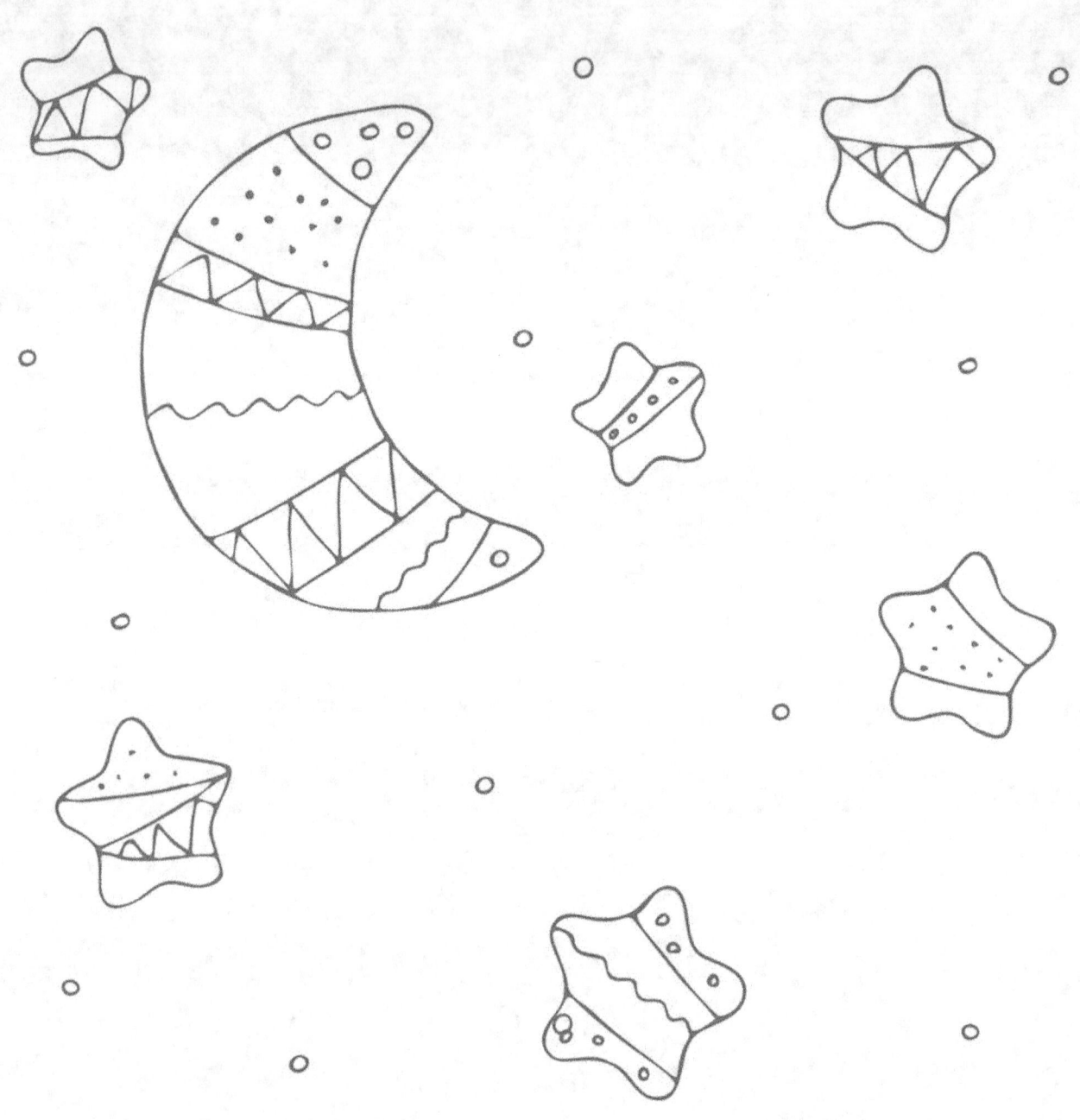

Colorea Esta Luna

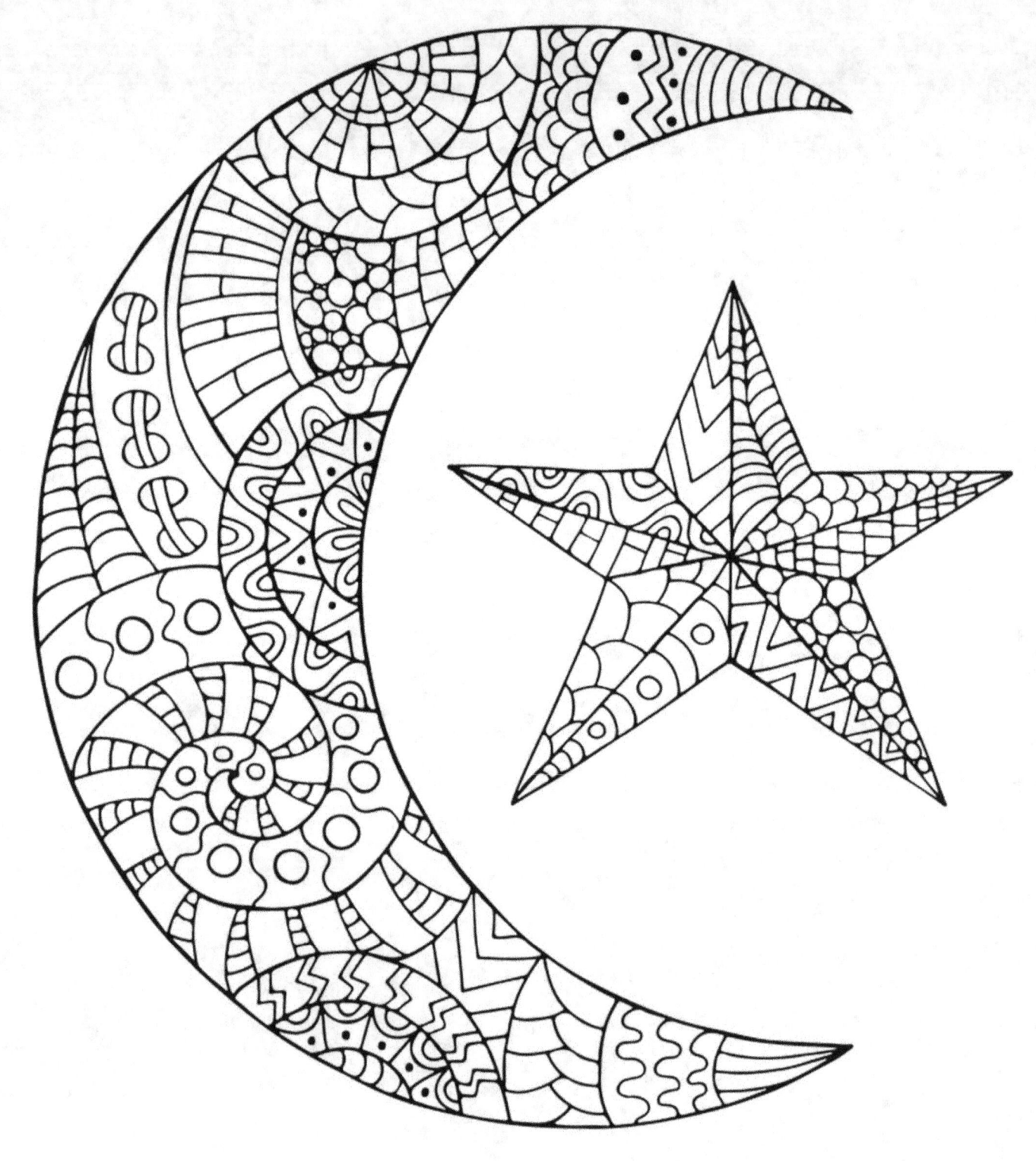

Colorea Esta Luna

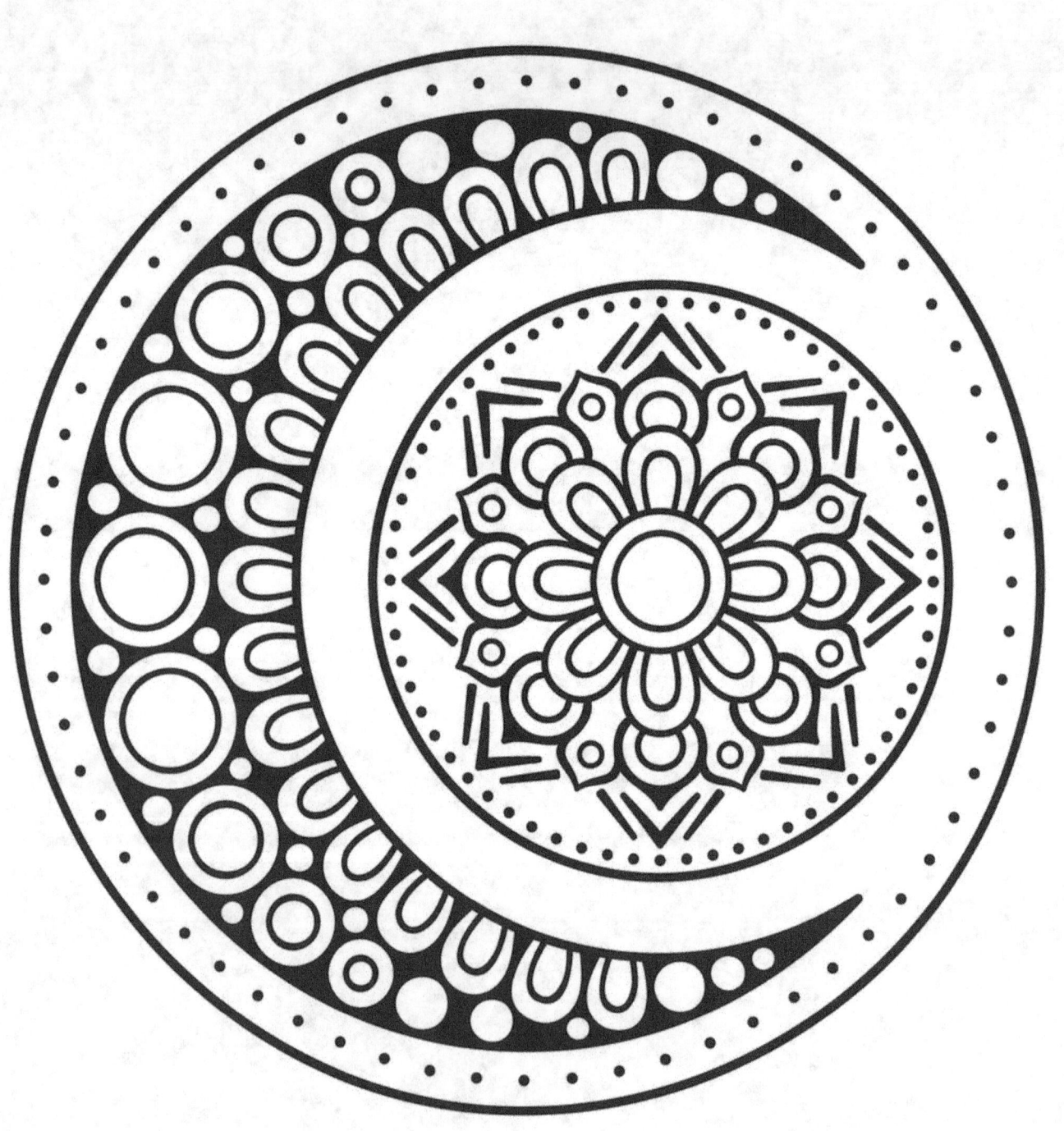

Colorea Esta Luna

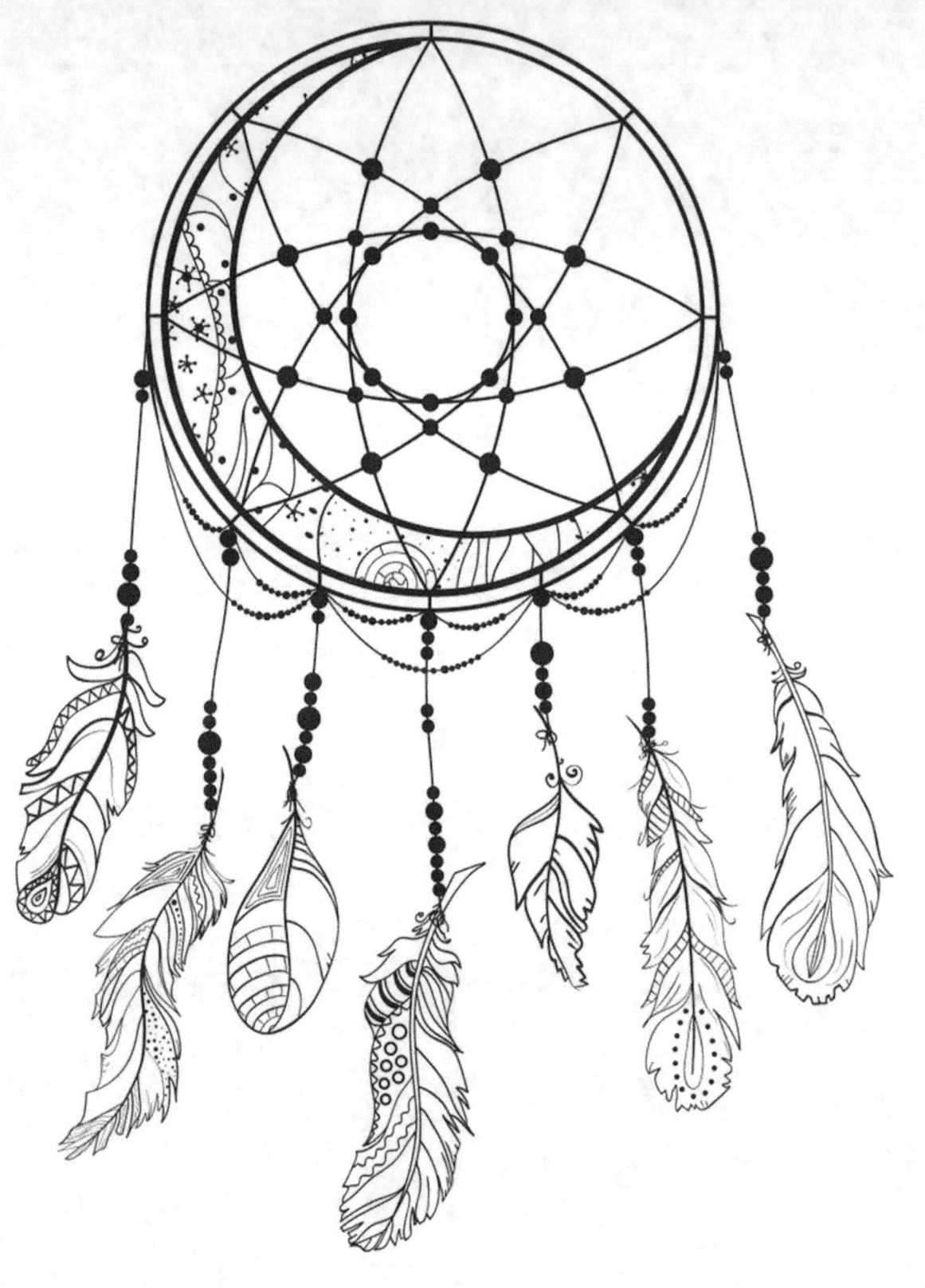

Colorea Esta Luna

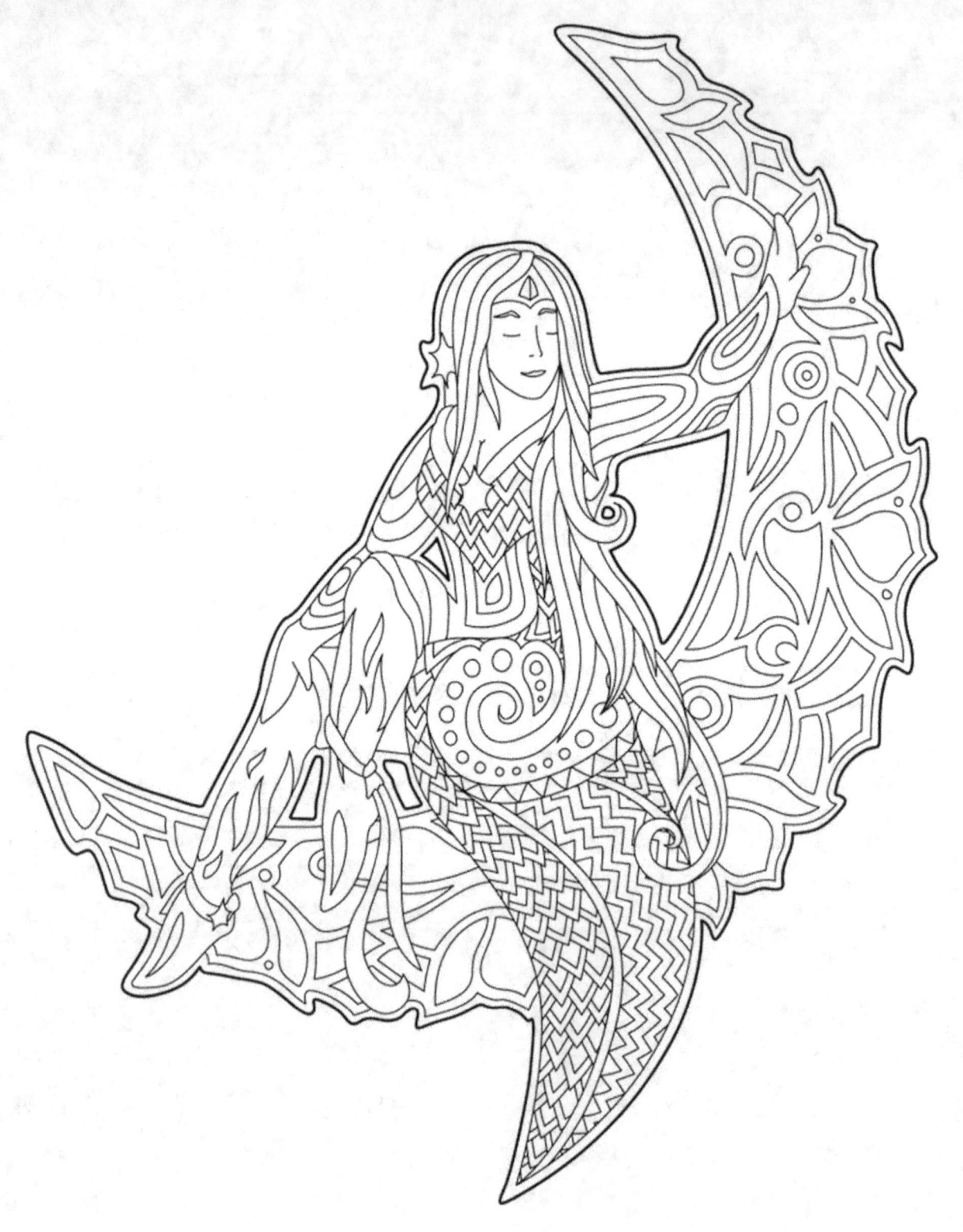

Colorea Esta Luna

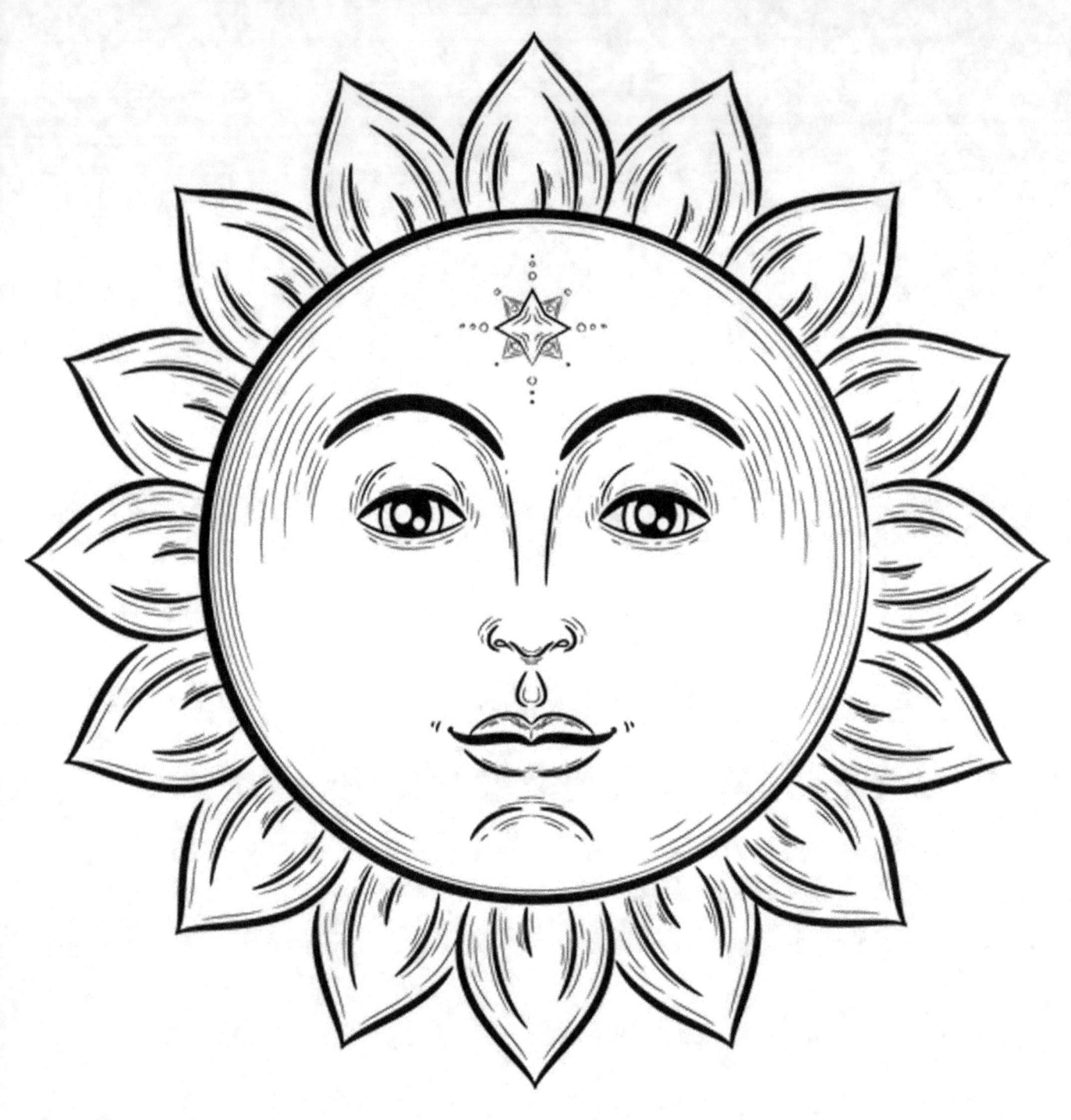

Colorea Esta Luna

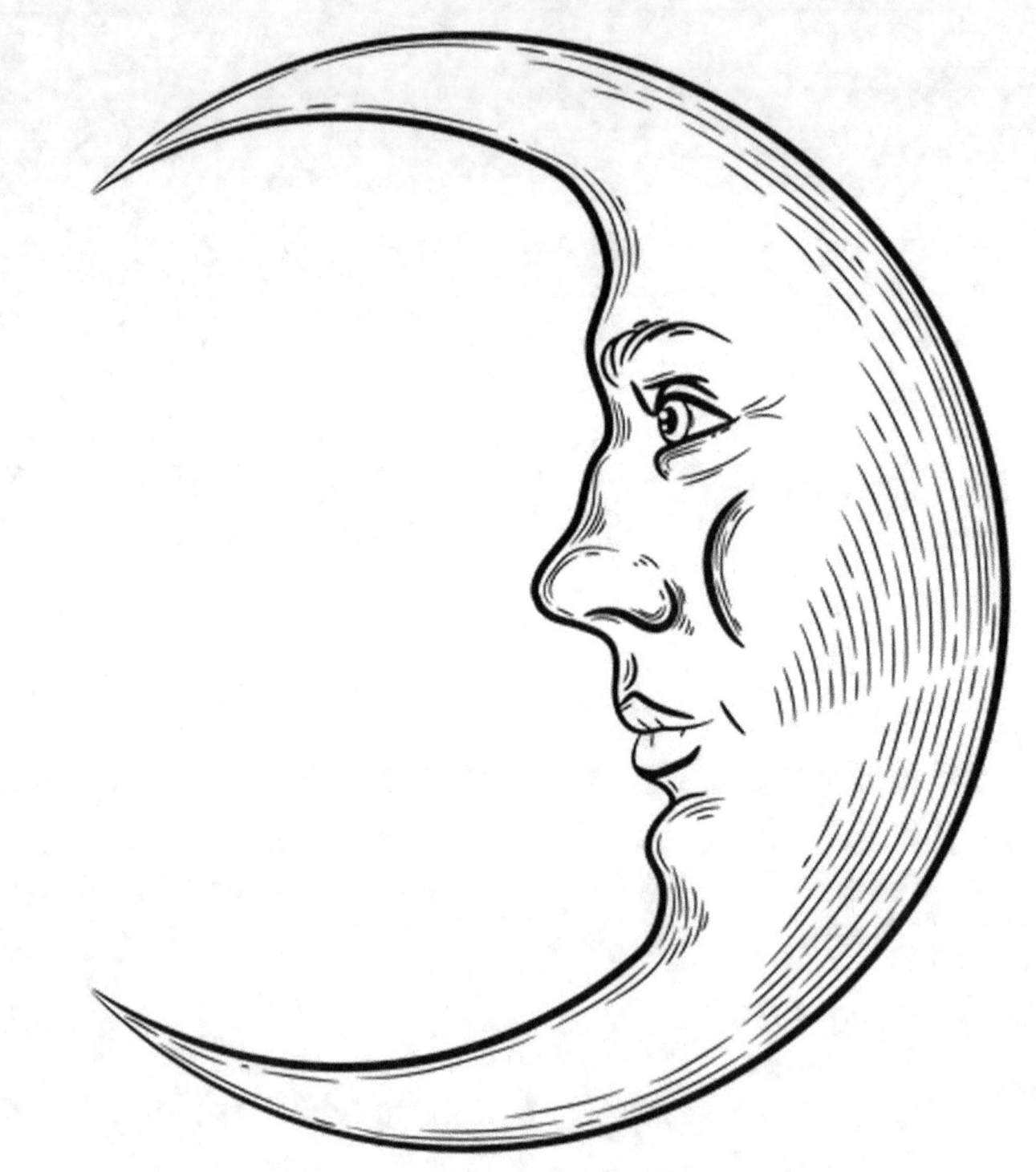

Colorea Esta Luna

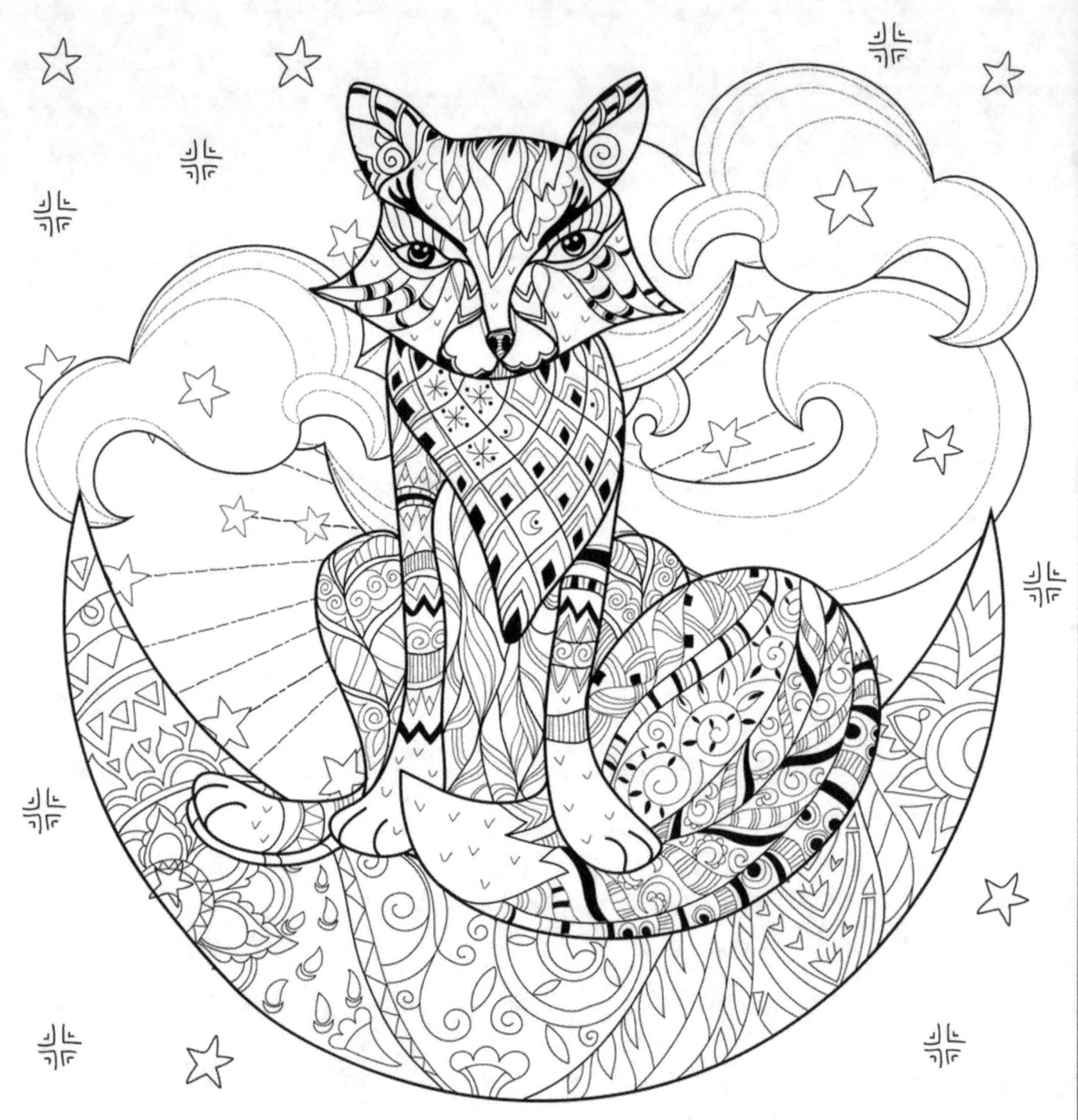

Colorea Esta Luna

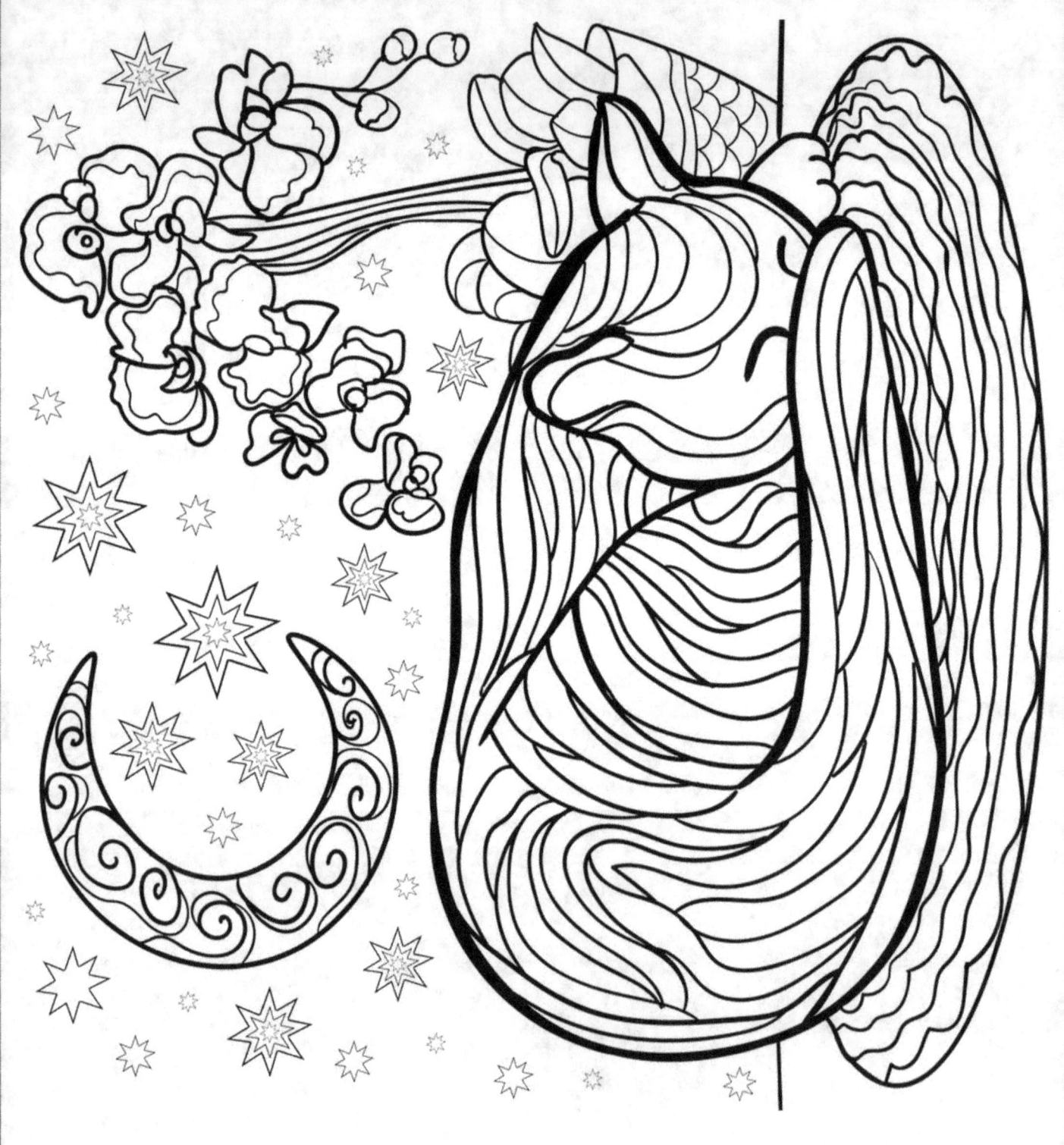

Colorea Esta Luna

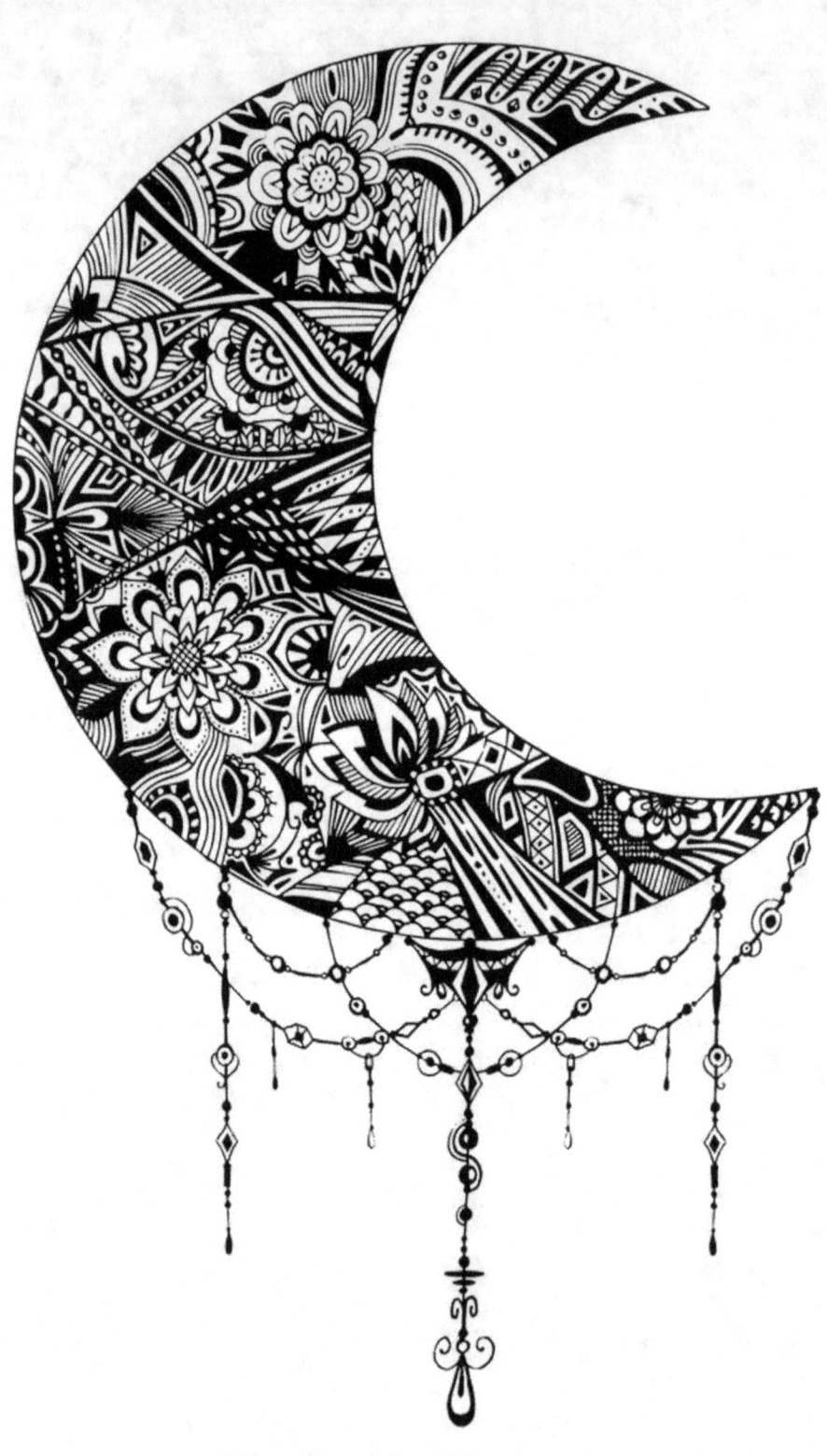

Colorea Esta Luna

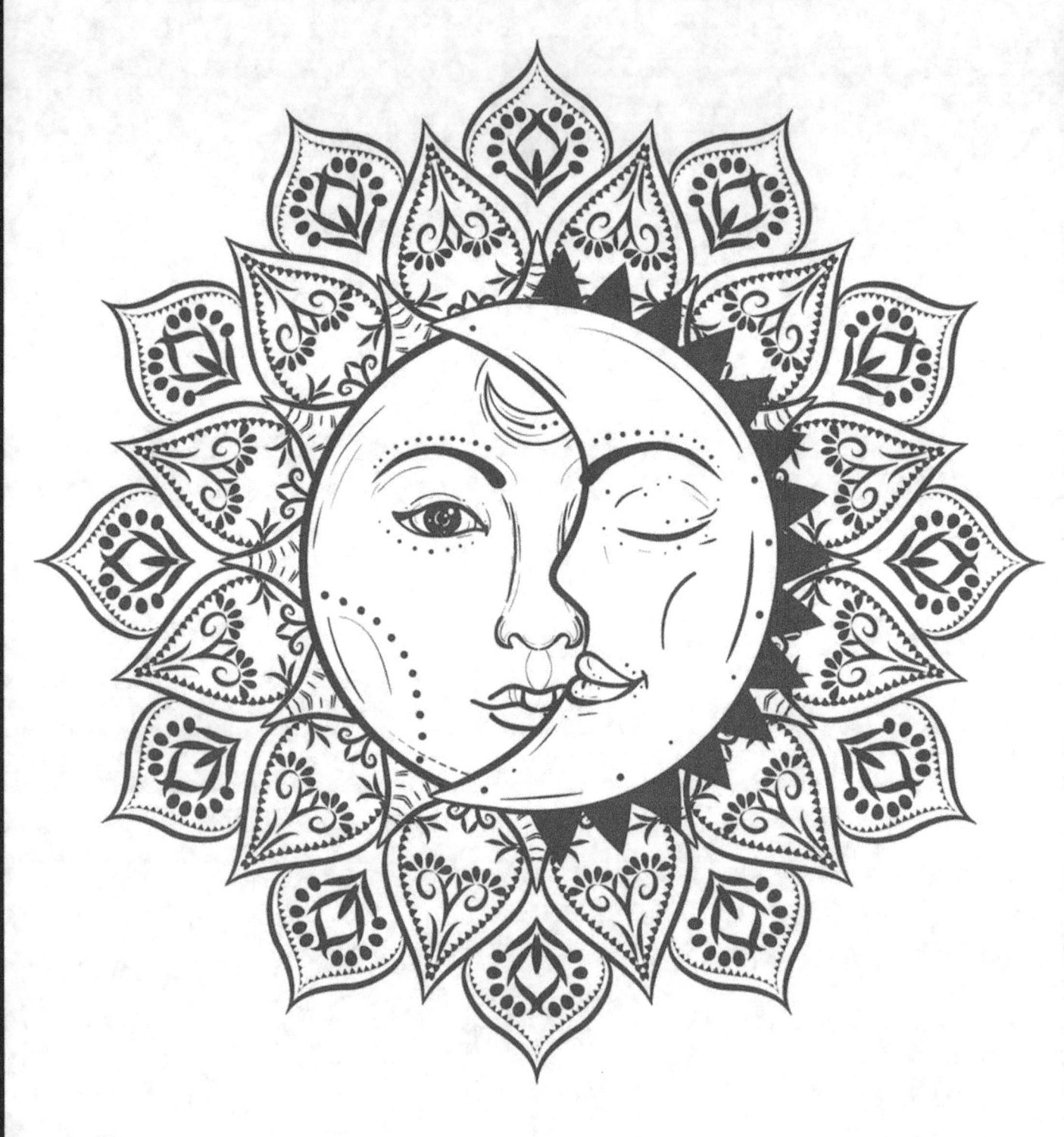

Colorea Esta Luna

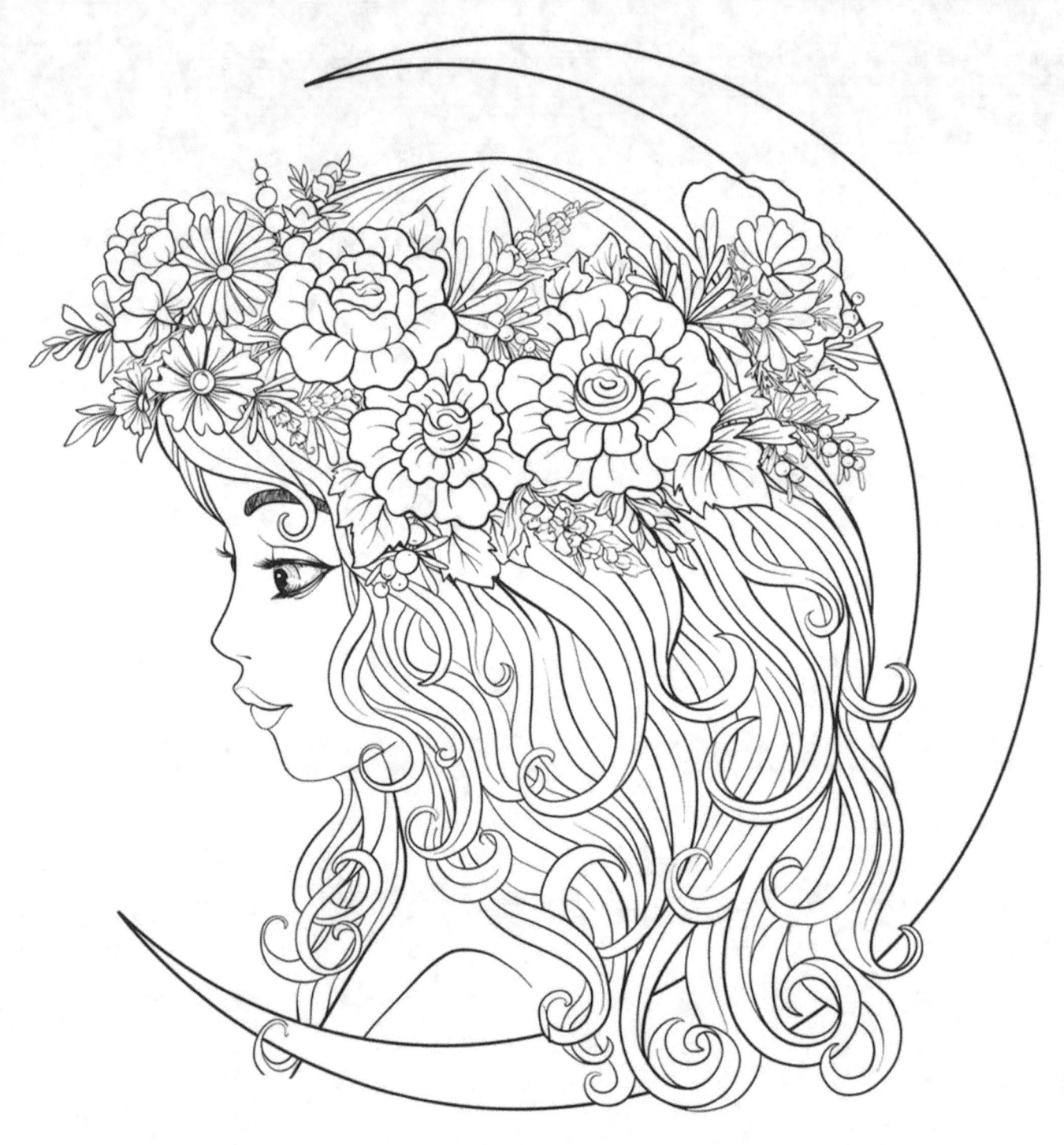

Colorea Esta Luna

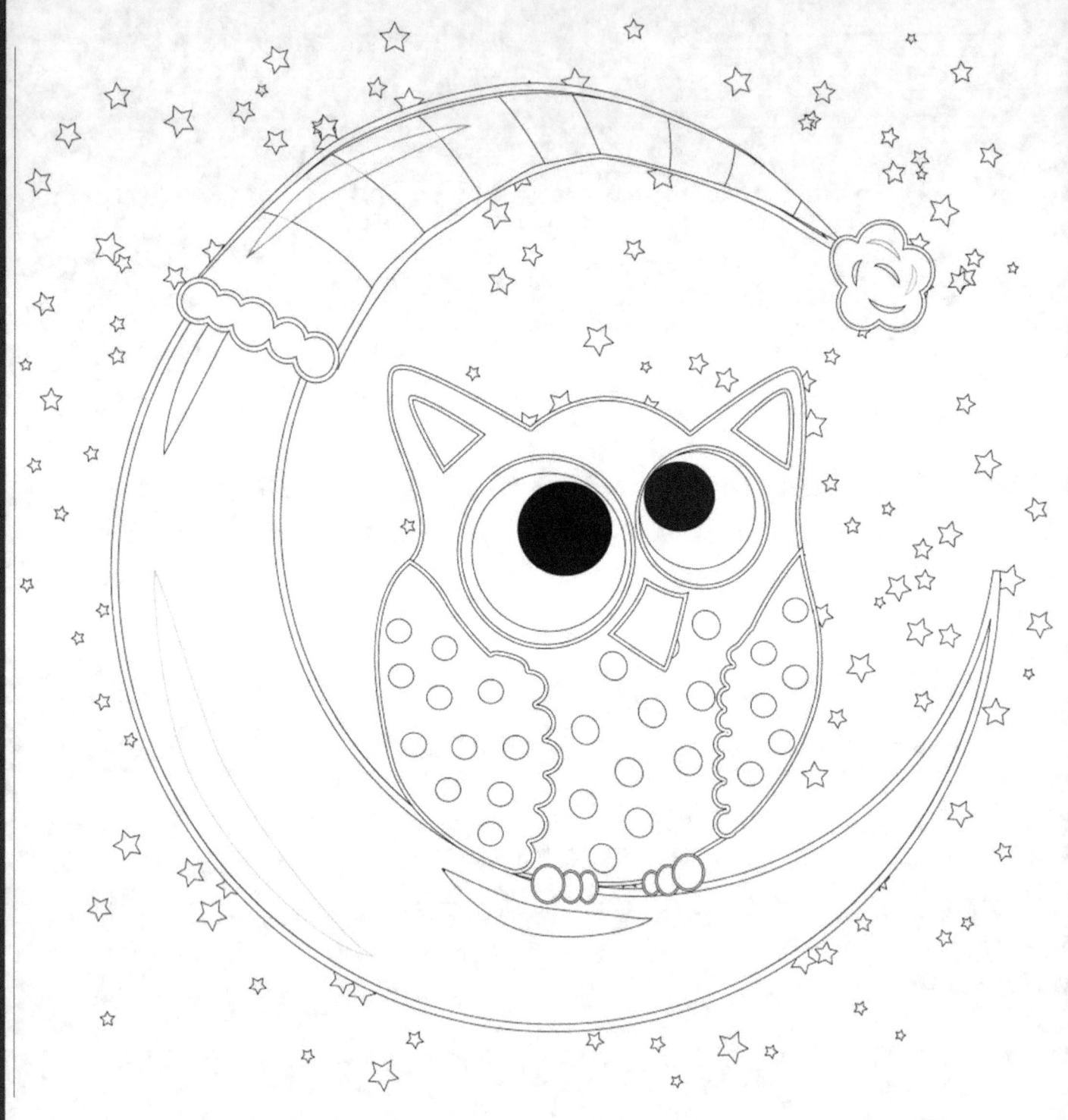

Colorea Esta Luna

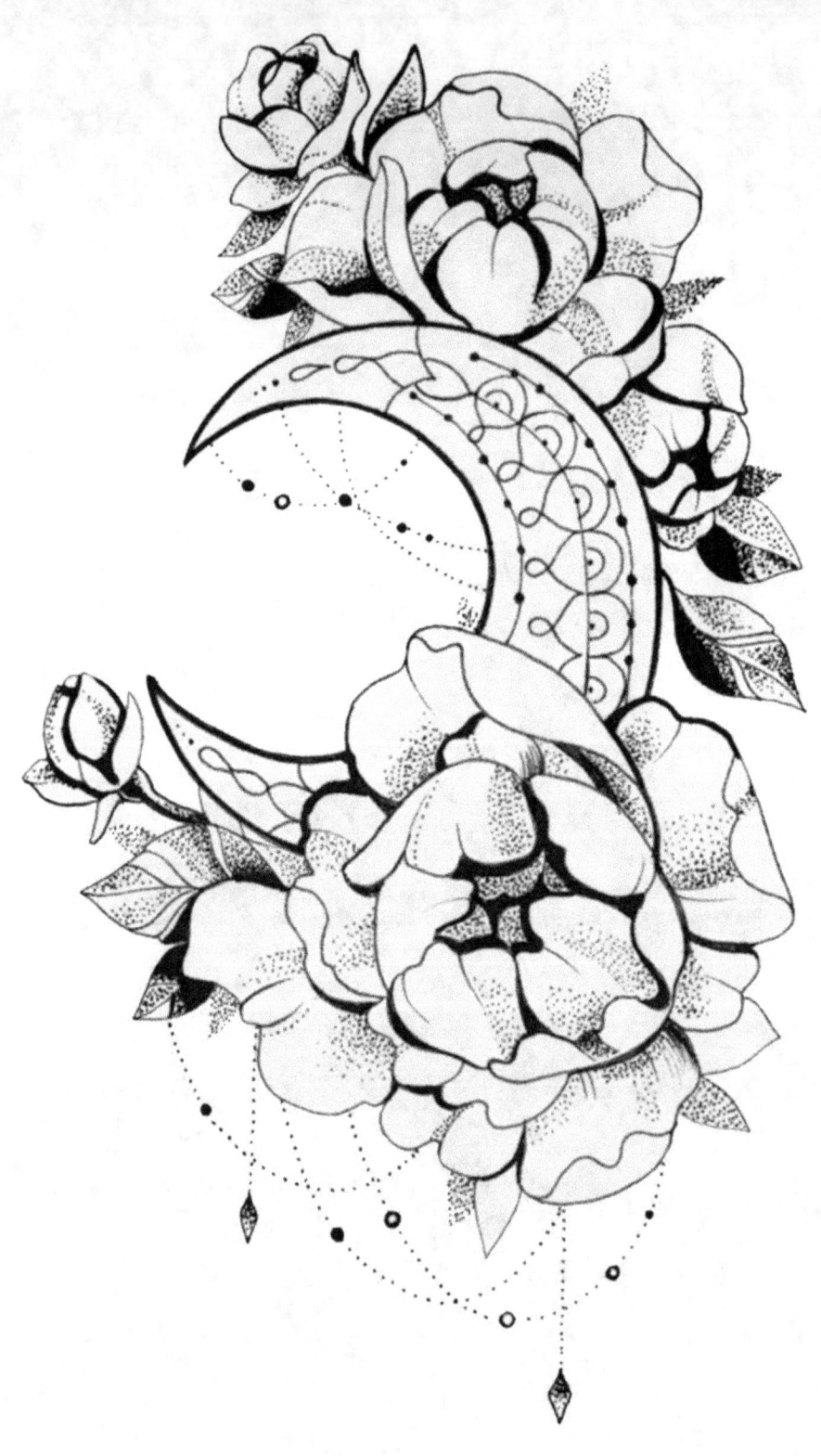

Colorea Esta Luna

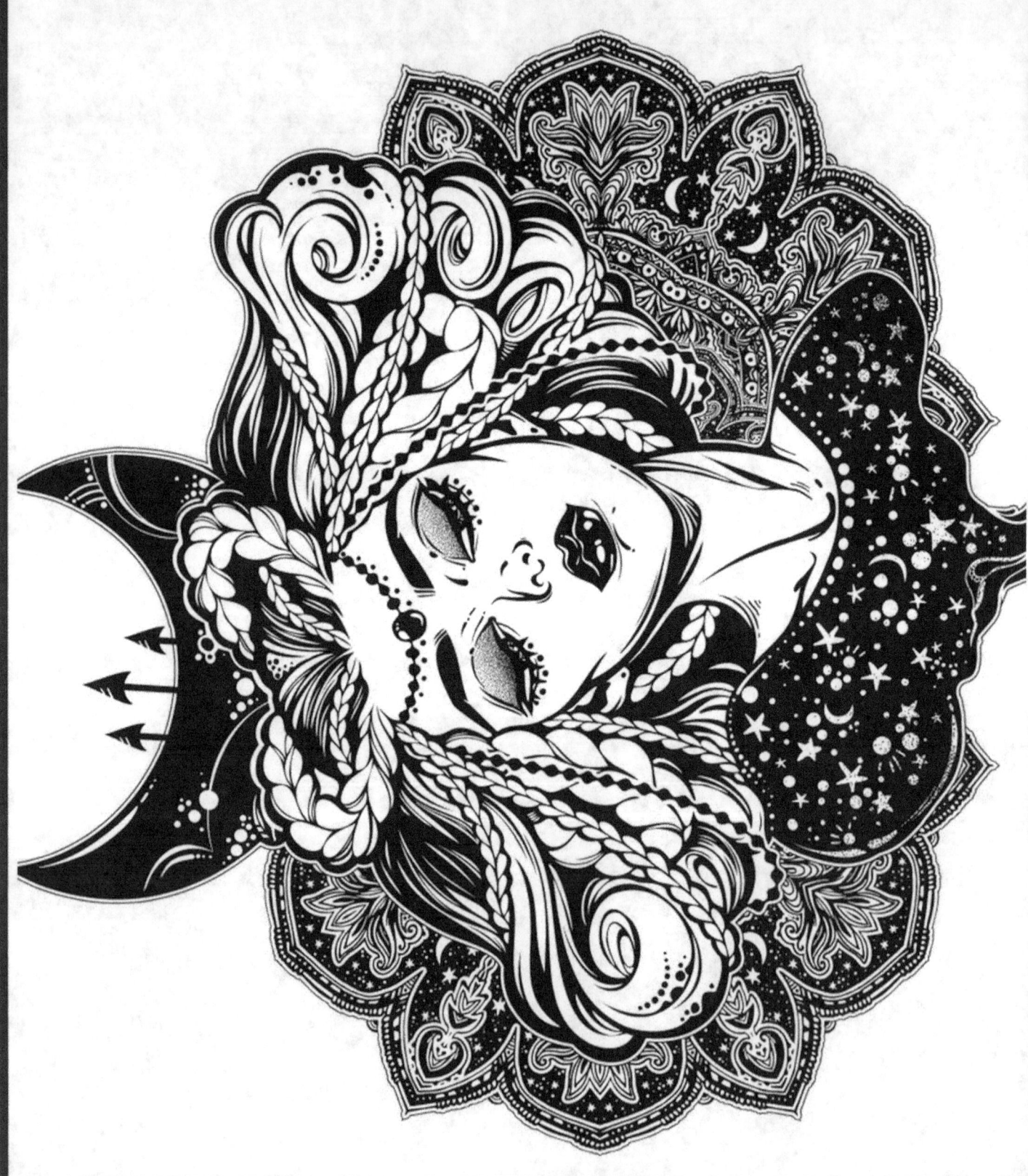

Colorea Esta Luna

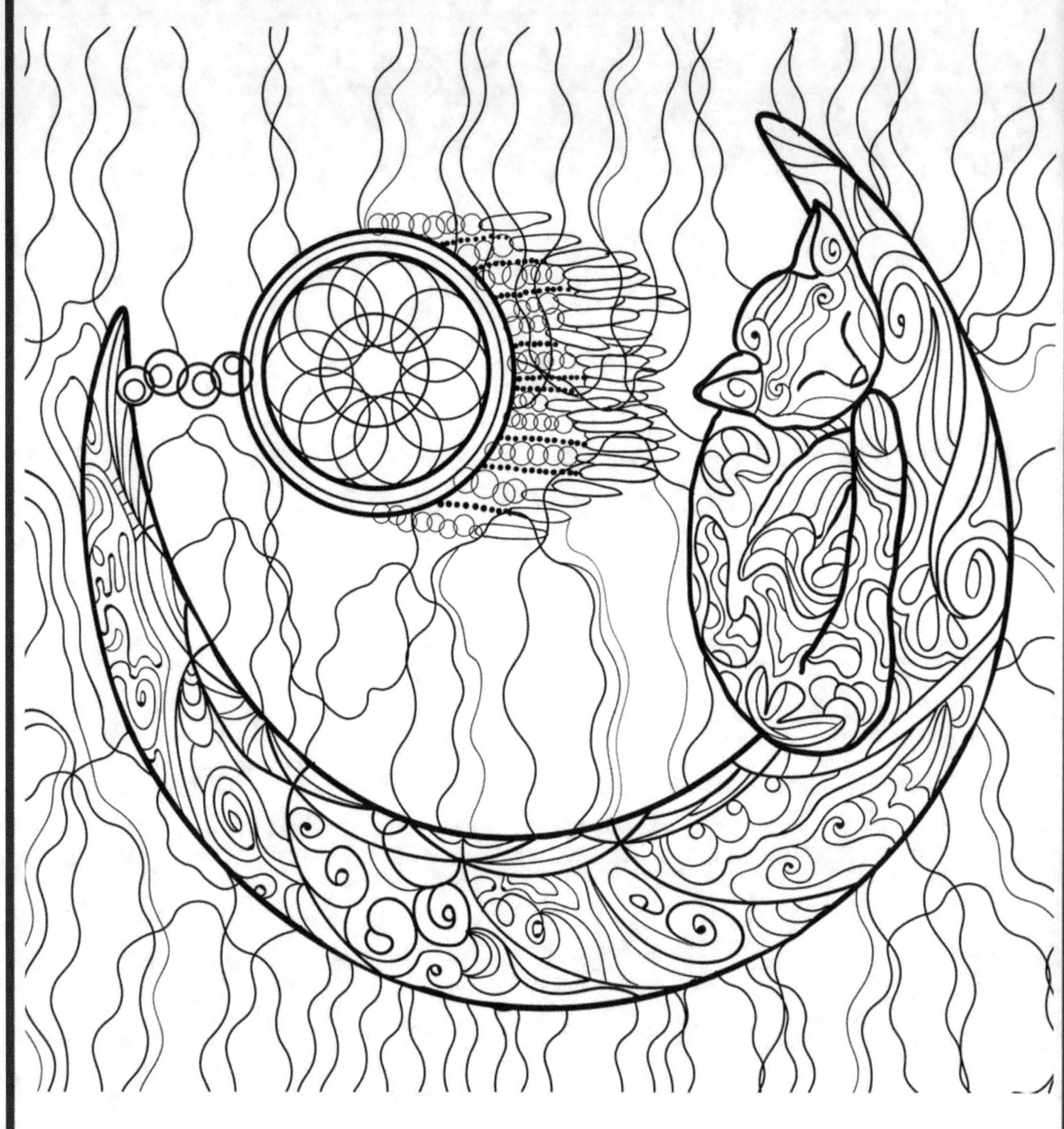

Colorea Esta Luna

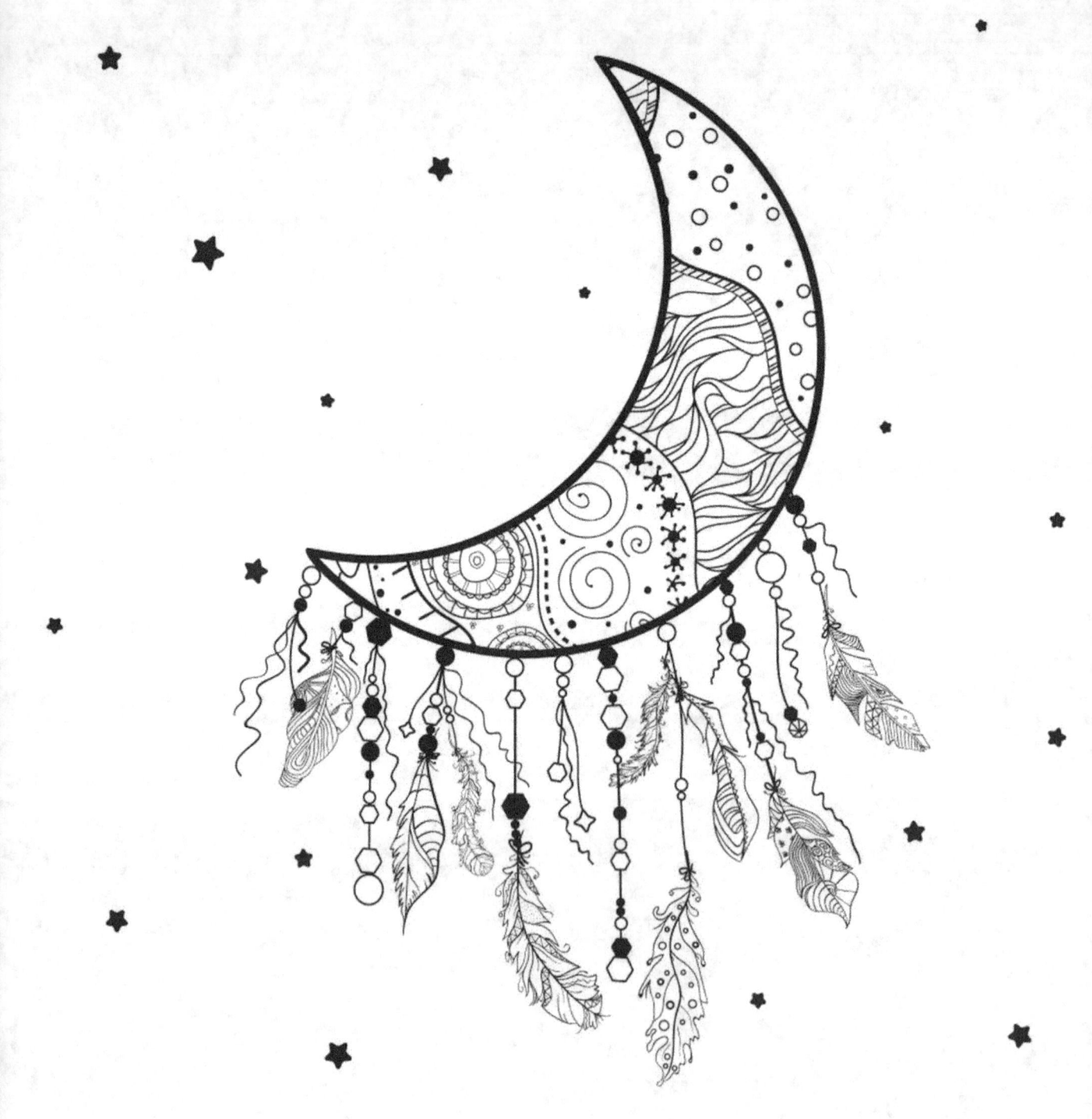

Colorea Esta Luna

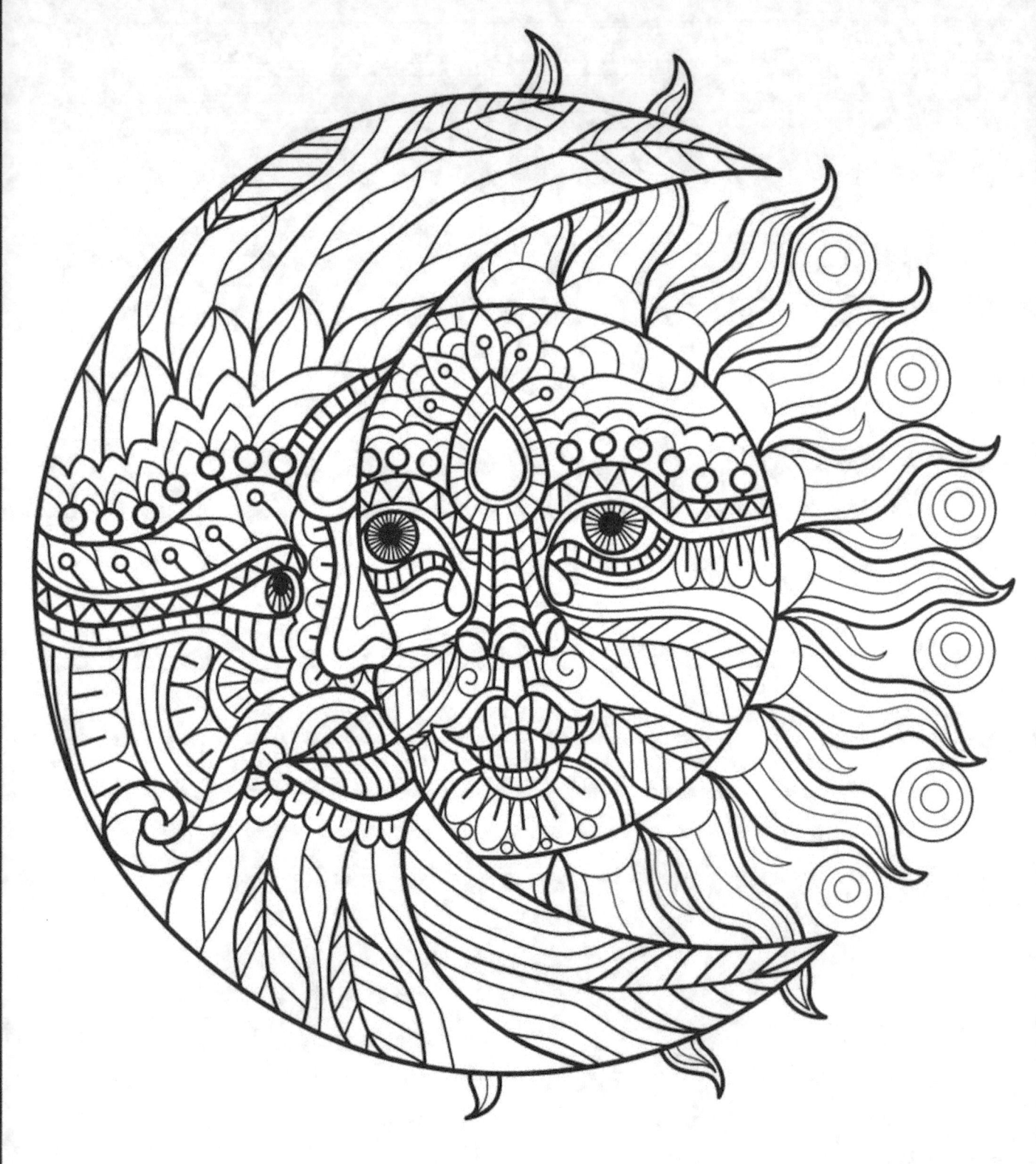

Colorea Esta Luna

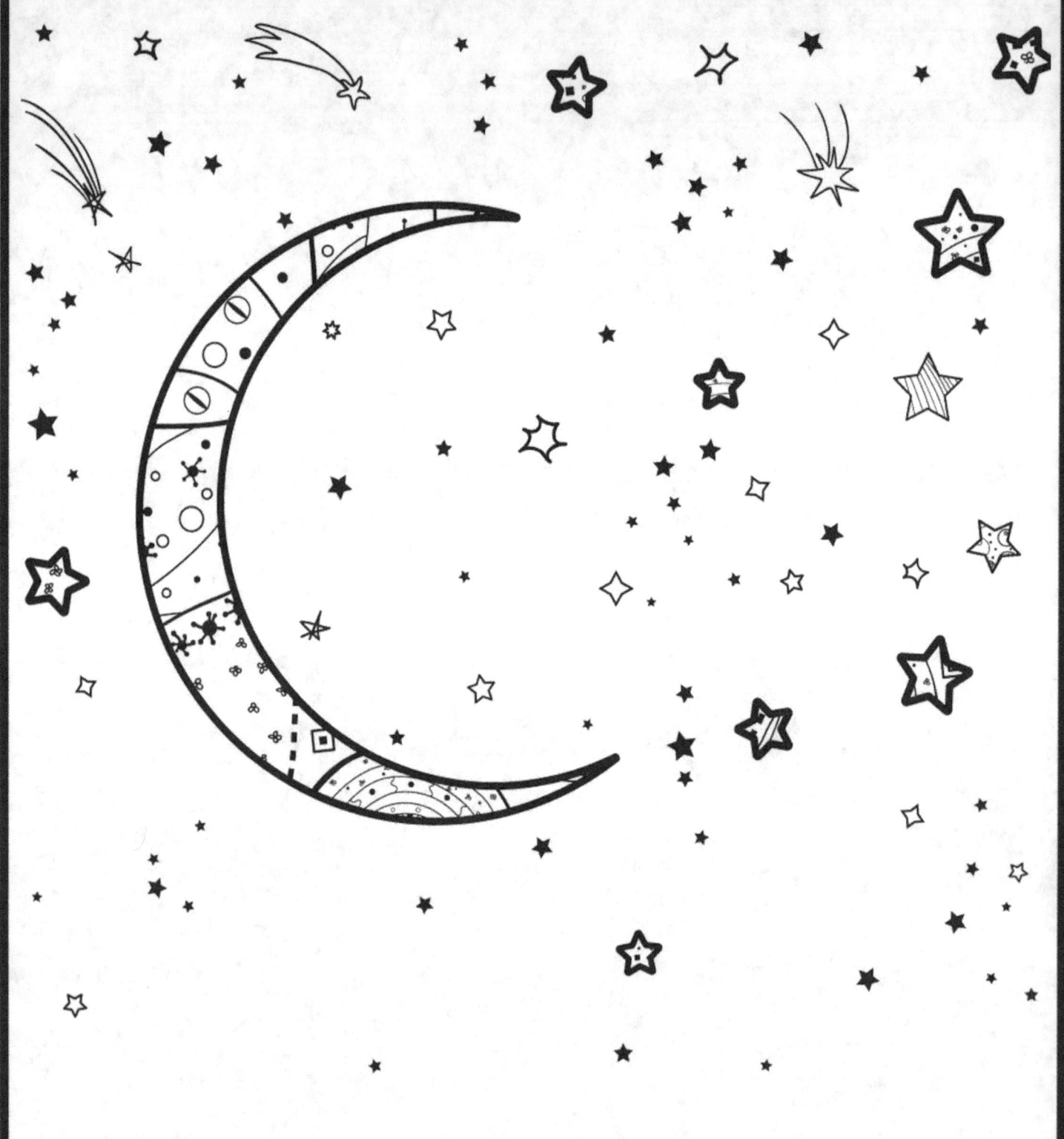

Colorea Esta Luna

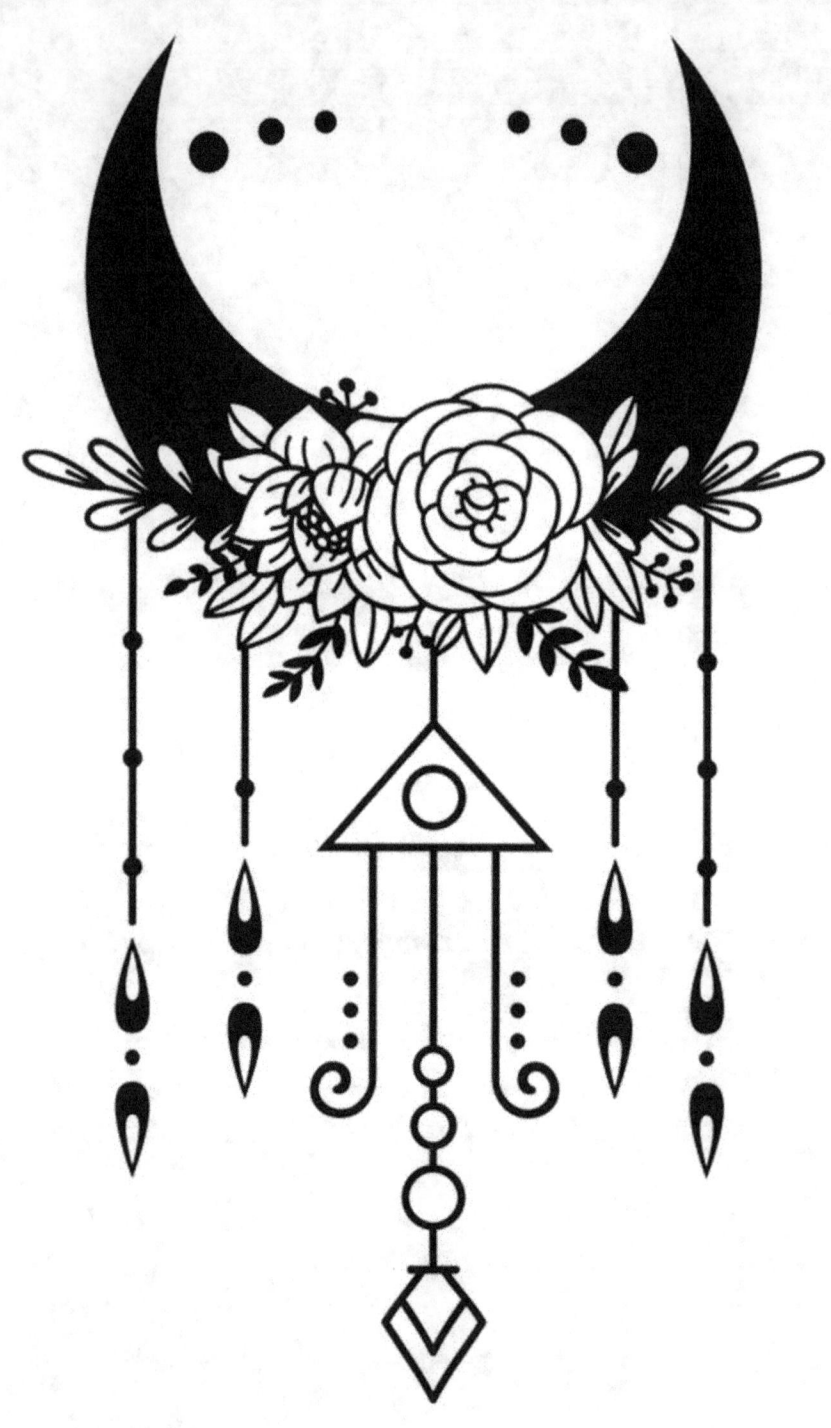

Colorea Esta Luna

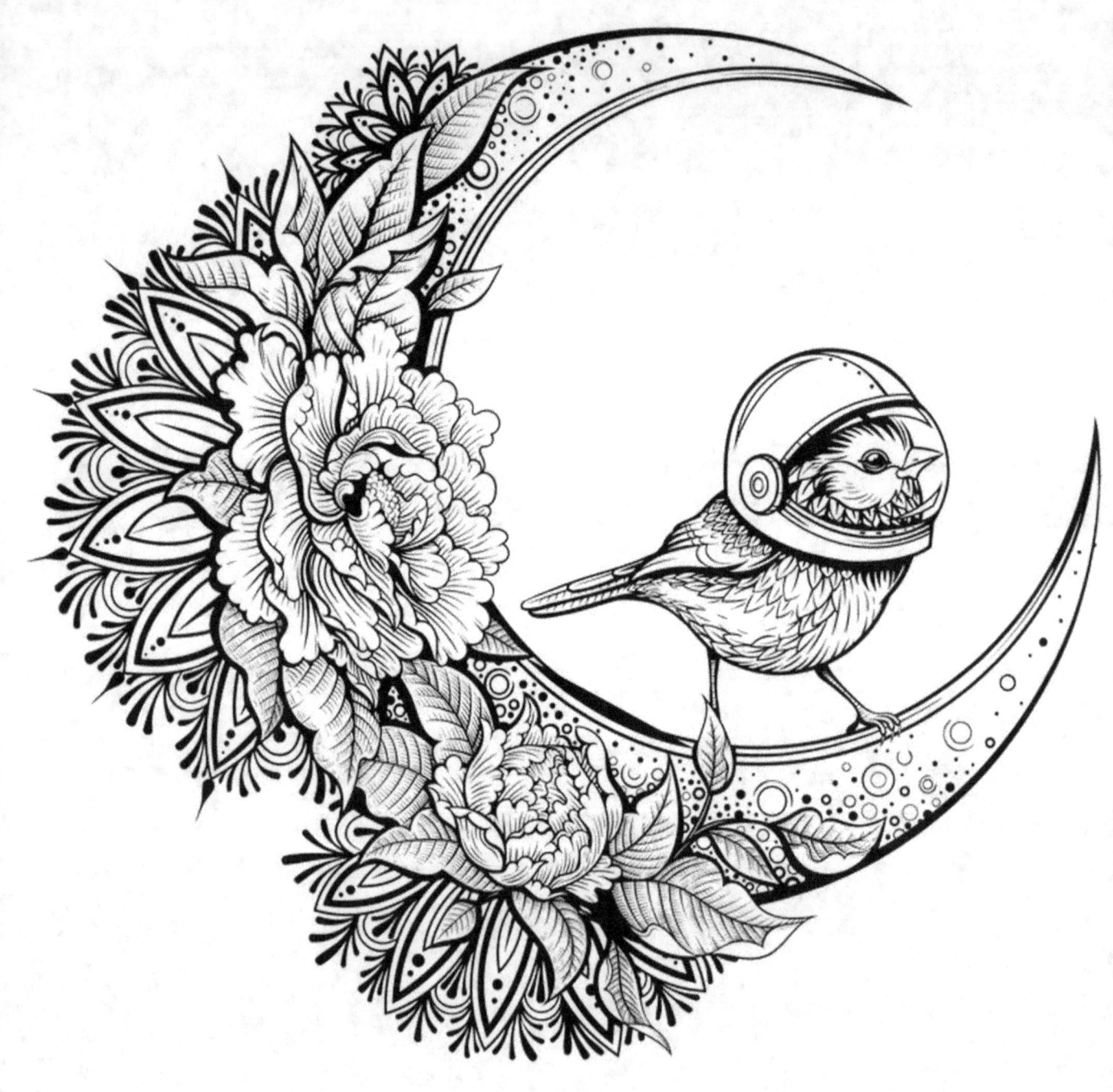

Colorea Esta Luna

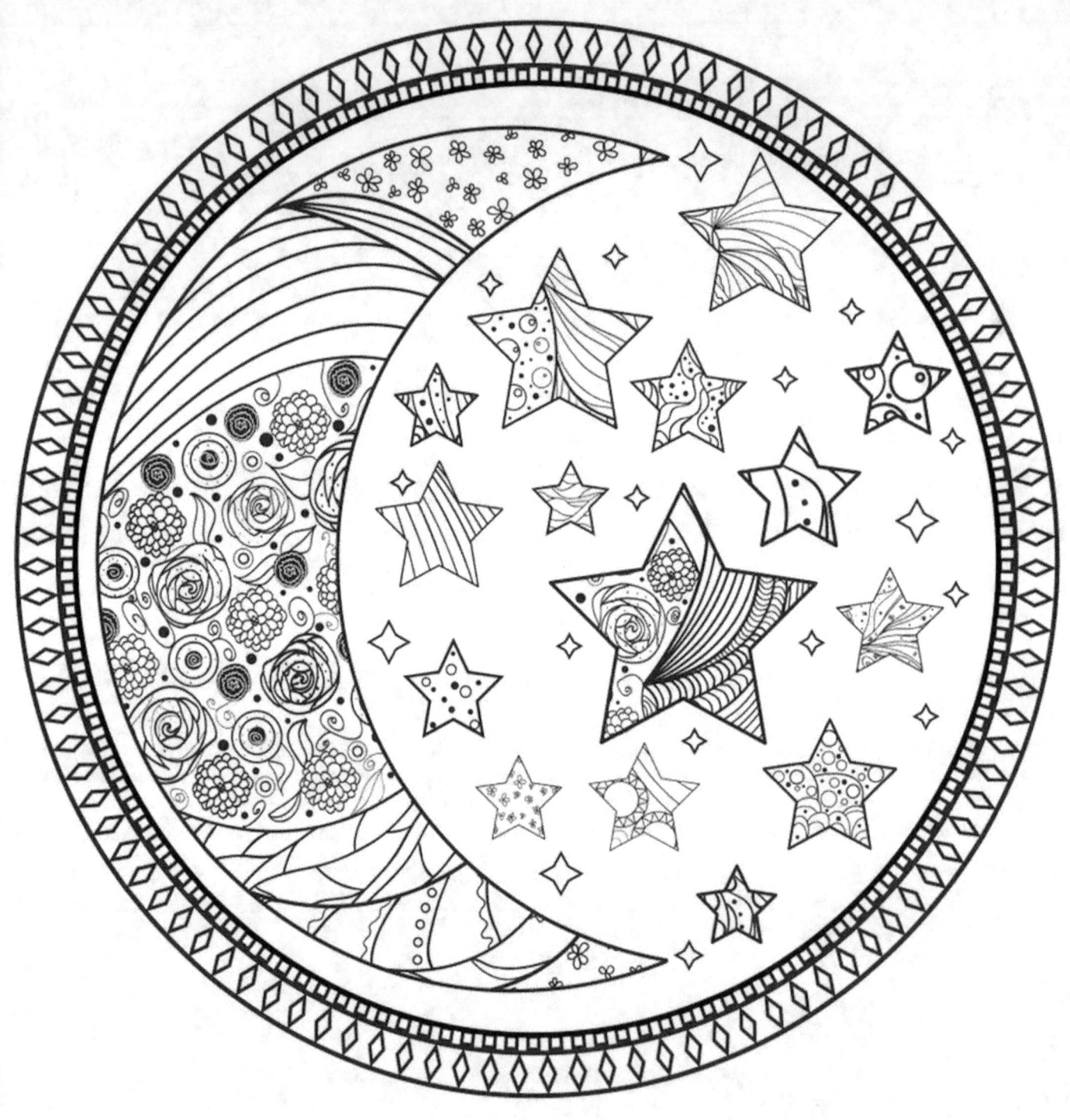